KLETT-COTTA Leben!

Elisabeth Reisch

Wünsche loslassen – das Leben gewinnen

Das 7-Schritte-Programm für mehr innere Freiheit

Klett-Cotta

Alle Bücher aus der Reihe »Klett-Cotta Leben!«
finden sich unter www.klett-cotta.de/leben

Klett-Cotta
www.klett-cotta.de

Printed in Germany
Umschlag: Roland Sazinger, Stuttgart
Foto: Anja Krämer
Gesetzt aus der Concorde von Kösel, Krugzell
Auf säure- und holzfreiem Werkdruckpapier gedruckt
und gebunden von Kösel, Krugzell
ISBN 978-3-608-86015-3

Bibliografische Information der Deutschen Nationalbibliothek
Die Deutsche Nationalbibliothek verzeichnet diese Publikation in der Deutschen Nationalbibliografie; detaillierte bibliografische Daten sind im Internet über http://dnb.d-nb.de abrufbar.

Inhalt

Einführung und Überblick
Sieben Schlüssel zum Glück

»Wenn wir eine große Enttäuschung erleben,
wissen wir nicht, ob das das Ende der Geschichte ist.
Es kann genauso gut der
Anfang eines großen Abenteuers sein.«

Pema Chödrön

Möchten Sie gerne einem Menschen begegnen, der großzügig und liebevoll mit anderen umgeht, dankbar ist für das, was er hat, ein Mensch, der weise ist, in Frieden mit sich und anderen lebt und sich dabei selbst akzeptiert?

Wer wünscht sich nicht, so einem Menschen zu begegnen, ihn vielleicht sogar zum Freund oder zur Freundin zu gewinnen?

Nun, wie wäre es, wenn Sie entdeckten, dass Sie selbst dieser Mensch sind? Jemand, der sich und andere liebt, ein freudvolles, offenes Herz hat und im Reinen ist mit dem, was geschieht – oder auch nicht geschieht? Sie denken, das wäre weit weg von dem, wie Sie sich selbst erleben? Und Sie haben recht – einesteils. Normalerweise sind wir eher identifiziert mit unseren Fehlern und Schwächen, mit dem, was uns nicht gefällt an uns – und an der Welt.

Unsere Unzufriedenheit drückt sich dadurch aus, immer etwas anderes sein zu wollen bzw. etwas anderes im Außen haben zu wollen als das, was gerade unsere Realität ist.

Wir alle wünschen uns dauerhaftes Glück und anhaltende Zufriedenheit ohne diese uns allen bekannten Einbrüche von Leid und Unglück. Was aber trennt uns von diesem vollkommen friedfertigen und gleichzeitig glücklichen Menschen, der wir alle sein wollen, aber augenscheinlich nicht sind?

Natürlich gibt es auch bei uns schöne, friedvolle, entspannte und auch glückliche Augenblicke. Jedoch fehlt die Dauerhaftigkeit dieses Glücks. Sind unsere wechselhaften Stimmungen nicht ganz normal und menschlich, zumal um uns herum so viel passiert, was anscheinend die Ursache für unsere negativen Empfindungen ist? Freude, Glück, Ausgeglichenheit – wir wünschen uns das alle. Aber ist es nicht eine Illusion zu denken, dies solle *für immer* möglich sein – in jeder Situation unseres Lebens?

In diesem Buch nähern wir uns genau dieser Frage: Ist die Wechselhaftigkeit der Stimmungen unser eigentliches, natürliches Sein, oder ist es möglich, unabhängig, und zwar komplett unabhängig, von äußeren Bedingungen glücklich zu sein?

Gibt es Glück nur in kurzen Momenten?

Wann bekommen wir keinen Zugang zu unserem Glück – das wir ja durchaus kennen und immer mal wieder in ganz besonders schönen Augenblicken unseres Lebens kontaktieren können? Es gibt nur ein Problem für uns, wirklich nur ein einziges, dies allerdings in unzähligen Variationen.

Das wirklich Einzige, das uns vom dauerhaften Glück und Frieden trennt – egal, in welcher Situation wir uns gerade befinden –, sind zwei bzw. drei schlichte kleine Worte:

»Ich will« bzw. »Ich will nicht«.

Das ist alles.

So einfach soll das sein? Wir lassen unser »Wollen« los und bekommen dafür dauerhaftes Glück geschenkt? Ja, es ist so einfach, aber da wir ziemlich kompliziert sind, ist es in der Regel nicht möglich, dies sofort in seiner ganzen Tragweite zu verstehen und vor allem auch zu erleben.

Die Komplexität unserer Alltagswirklichkeit, dieses manchmal unüberschaubare Bedingungsgefüge erscheint uns manchmal so, als ob wir vor einem riesengroßen, durcheinandergeratenen verfilzten Wollknäuel säßen und nicht wüssten, wie wir es entwirren sollen. Manchmal neigen wir dann dazu, an allen möglichen Stellen zu zerren und zu ziehen, was das Problem nur noch schlimmer macht. Oder wir resignieren und haben keine Lust mehr, das Wollknäuel zu entwirren – gleichzeitig brauchen wir aber etwas zum Anziehen, das uns wärmt.

Lassen Sie uns Schritt für Schritt vorgehen, wir nehmen als Ausgangspunkt das kleine Stück Wolle, das vor uns liegt, und – ohne zu zerren oder alles resigniert wegzulegen, fädeln wir das verknotete Wollknäuel Stück für Stück auf – bis alles glatt, schlicht und einfach vor uns liegt.

Wir fangen da an, wo wir uns befinden.

Unser Ausgangspunkt sind unsere Wünsche, Sehnsüchte, Hoffnungen und Befürchtungen, unsere vielen »Ich-will-« und »Ich-will-nicht«-Sätze in unserem Leben. Und unsere Hilfsmittel sind die folgenden Qualitäten, die wir in uns freisetzen wollen: Selbstakzeptanz, Mitgefühl, Dankbarkeit, Mitfreude, Verzeihen, Mut und Loslassen.

Die sieben Qualitäten

Das alles stellt unser Arbeitsmaterial dar.

In diesem Buch können Sie lernen, damit zu arbeiten.

Wie nun gehen wir konkret vor?

Wie kontaktieren wir diese Qualitäten, über die Sie, aber auch jeder andere Mensch ganz selbstverständlich verfügt? Wie können wir dies auf eine natürliche und uns selbst gegenüber freundliche Art und Weise erreichen?

Wie gewinnen wir dadurch eine innere Freiheit, die unabdingbare Voraussetzung zum Glücklichsein ist?

Wir nehmen uns so an, wie wir sind, und erschrecken oder überfordern unser kleines, noch nicht so gut erzogenes Ego nicht, sondern nehmen es freundlich bei der Hand und bieten ihm an, sich ein bisschen umzusehen in der Welt der Werte und Qualitäten. Vielleicht ist ja etwas dabei, was ihm gefällt und uns glücklich macht?

Die Kernaussage lautet, dass wir von unerfüllten Wünschen zu erfüllenden Qualitäten gelangen können. Dazu gehen wir Schritt für Schritt vor:

Der erste Schlüssel zum Glück: Selbstakzeptanz

»Ich will … und erkenne mich damit komplett an.«

In diesem ersten Schritt wenden wir uns selbst mit freundlicher Aufmerksamkeit zu. Welche Lebensthemen beschäftigen mich gerade? Was bewegt mich in meinem Leben? Was genau hält mich im Moment davon ab, komplett glücklich zu sein?

Wir öffnen uns dem gegenüber, was uns gerade beschäftigt, und formulieren dies schriftlich. Im Anschluss daran »extrahieren wir« den oder die »Ich-will-« bzw. »Ich-will-nicht«-Sätze, die unseren Beschreibungen zugrunde liegen, und erkennen uns damit komplett an.

Ab diesem Punkt lassen wir die inhaltliche Ausschmückung unserer Geschichten über uns selbst beiseite und arbeiten mit den zugrunde liegenden Wünschen weiter.

Der zweite Schlüssel zum Glück: Mitgefühl

»Ich will … und beziehe andere in meine Wünsche mit ein.«

Schon hier verlassen wir die übliche Egospur und starten unser erstes Überholmanöver:

Wir verallgemeinern unseren Wunsch und erkennen ihn als universelles, menschliches Grundbedürfnis an. Wir fühlen uns mit unserem Wunsch auch nicht mehr isoliert und allein, sondern öffnen uns für eine Herz-zu-Herz-Beziehung mit all jenen, die im Moment genauso empfinden wie wir.

Wir hören auf, um uns selbst zu kreisen, ohne unser Ego zu kränken, zurückzuweisen oder zu erschrecken.

»Schau mal, es ist nicht persönlich. Deine Wünsche sind universell.«

Auch hier ist liebevolle Achtsamkeit der Weg der Wahl: Wir bleiben nicht in unseren selbst kreierten Dramen stecken, noch werten wir uns ab oder beschimpfen uns, wenn wir leiden (»Stell dich nicht so an, anderen geht es noch viel schlechter als dir« usw.). Im liebevollen und sorgfältigen Sichselbstannehmen öffnen wir uns Schritt für Schritt den bzw. dem anderen. Es ist so, als ob wir in unserem abgedunkelten, etwas miefigen Krankenzimmer die Fenster öffnen und frische Luft hereinlassen. Wir schauen nach draußen mit einem tiefen Atemzug und stellen fest:

»Ah, ich bin nicht allein mit meinen Lebensthemen.«

Dieser kleine Schritt vom Persönlichen hin zu anderen ist ein zutiefst kraftvolles Mittel zur persönlichen und spirituellen Reife.

Der dritte Schlüssel zum Glück: Dankbarkeit

»Ich will ... und erkenne, was ich schon alles habe.«

Wir bleiben auf der Überholspur und geben noch etwas Gas. An diesem Punkt arbeiten wir mit Methoden, die unser kleines Ego, solange es sich um sich selbst dreht, allein nicht entdecken würde.

Anstatt uns immer weiter darauf zu konzentrieren, was uns alles fehlt, kümmern wir uns an dieser Stelle darum, was wir schon alles haben.

Gewöhnt sich unser Ego erst einmal an diese kleine Veränderung der Sichtweise, wird es immer mehr entdecken, wie viel stabiler sein Lebensglück dadurch wird.

Der vierte Schlüssel zum Glück: Mitfreude

»Ich will ... und freue mich darüber, wenn es andere bekommen.«

Nun gewinnen wir weiter an Fahrt. Beim Thema Mitfreude mag der eine oder andere vielleicht lieber abbremsen und die nächste Ausfahrt ansteuern, als hier in diese Richtung noch einen Meter weiterzufahren.

Mitfreude? Das geht nun doch etwas zu weit.

Von unserer Egologik aus ist dies verständlich und nachvollziehbar. Wenn wir einen Wunsch haben, sollen wir uns darüber freuen, wenn andere ihn erfüllt bekommen?

Lassen Sie sich überraschen und überfordern Sie sich nicht. Das Buch verträgt es, skeptisch gelesen zu werden, bevor Sie sich vielleicht entscheiden, das eine oder andere in Ihrem Leben selbst auszuprobieren, um die heilende Wirkung kennenzulernen.

Der fünfte Schlüssel zum Glück: Verzeihen

»Ich will … und verzeihe mir, den anderen und dem Leben, wenn ich es nicht bekomme.«

Verzeihen ist auch nicht gerade eine Qualität, die unserem kleinen Ego auf Anhieb gut gefällt. Wir werden hier jedoch sehen, dass Verzeihen uns selbst, anderen und dem Leben im Allgemeinen gegenüber unabdingbar für unser Glück ist.

Der sechste Schlüssel zum Glück: Mut

»Ich will … und nehme die Herausforderungen meines Lebens komplett an.«

Hier können Sie lernen, die Schwierigkeiten und Probleme des Lebens zu nutzen, um zum Besten aller Liebe, Mitgefühl und Weisheit zu entwickeln. Es geht hier darum, mit offenem Herz und offenem Geist allem zu begegnen, vor dem wir uns normalerweise im Leben lieber verstecken. Wann immer wir bemerken, dass wir uns vor unseren Lebensaufgaben verschließen, nehmen wir dies als Herausforderung an, den scheinbar bequemen Weg zu verlassen und zum Besten aller Mut zu entwickeln.

Der siebte Schlüssel zum Glück: Loslassen

»Ich will … und entdecke die Kunst der Widerstandslosigkeit.«

Wenn wir die Qualitäten Selbstakzeptanz, Mitgefühl, Dankbarkeit, Mitfreude, Verzeihen und Mut in uns entdeckt haben, wird es uns leichter fallen, die letztendliche Weisheitsebene, die in der Kunst des Loslassens liegt, zu kontaktieren.

Solange wir noch mit unseren »Ich-will-« und »Ich-will-nicht«-Sätzen identifiziert sind, ist es nicht möglich, »den Festhaltegriff des Egos« zu lockern.

Haben wir jedoch Vertrauen in unsere grundlegenden Qualitäten gewonnen, werden wir ganz von allein viel Ballast los, der uns normalerweise im Leben behindert.

In Kontakt kommen mit unseren Qualitäten

Uns bläst der Wind des Lebens entgegen – und wir genießen es! Lassen Sie uns an einem kleinen Alltagsbeispiel die Vorgehensweise, wie genau wir Kontakt zu den in uns liegenden Qualitäten bekommen können, näher betrachten.

Vor einigen Wochen wurde ich eingeladen, ein Wochenendseminar zu »Wünsche loslassen – das Leben gewinnen« durchzuführen.

Nach sieben Stunden Zugfahrt saß ich an einem kleinen, verlassenen Bahnhof irgendwo in Niederbayern und – wurde vergessen. An diesem ohnehin trüben Spätnovembertag wurde es bereits dunkel und fing zu regnen an. Der Warteraum roch unangenehm, die Fenster waren eingeworfen, ich zog es vor, draußen zu frieren.

Ein »Ich-will«-Satz stieg auf und grinste mich herausfordernd an: »Du willst nichts mehr wollen? Und jetzt, meine Liebe? Sei mal ehrlich. Natürlich willst du jetzt etwas. Nämlich endlich abgeholt werden von den Leuten, die dich hier eingeladen haben, stimmt's? Du willst nicht mehr frieren, und außerdem hast du Hunger und willst bestimmt auch etwas zu essen. Von dem Wein heute Abend wollen wir mal gar nicht sprechen... Na, sei mal ehrlich!«

Ich gab mich geschlagen. Mein Kritiker in mir hatte recht. Er wippte ungeduldig mit den Füßen und schaute mich stirnrunzelnd an: »Bei so einer Kleinigkeit gibst du schon auf? Hast du vergessen, warum dich die Leute hierher eingeladen haben?« Er war sauer auf mich, meine klugen Reden über Wünsche loslassen und gleichzeitig meine Unfähigkeit, so einer im Grunde banalen Realität, es hier draußen ein bisschen ungemütlich zu haben, standzuhalten.

Bevor ich nun ganz kapitulierte, zückte ich Papier und Stift, legte meinen Schal auf eine feuchte Bank, setzte mich und begann zu schreiben:

»Ich will jetzt endlich abgeholt werden!«

»Jawohl, das will ich. Ich habe allen Grund, allmählich wütend zu werden. Habe ich nicht noch gestern Abend diesen Termin bestätigt? Und jetzt das!«

Ich erinnerte mich an einige Situationen, in denen andere Menschen mich schon einmal vergessen hatten. Bei einer war ich vier Jahre alt und stand heulend mit meinem Teddy im Arm vor dem Kindergarten. Ein andermal saß ich allein im Restaurant und wartete auf meinen damaligen Freund, der mich immer mal wieder versetzt hatte.

Die Gedankenkette, einmal in Gang gesetzt, spulte sich zuverlässig und mit altbekannten Geschichten vor meinem inneren Auge ab.

Ich wartete noch ein wenig. Die einsame Dorfstraße blieb leer. Kein Auto in Sicht. Der zunächst leichte Nieselregen verstärkte sich. Mir war kalt. Mein Wunsch blieb unerfüllt.

»Nun mach schon endlich weiter, worauf wartest du eigentlich noch?«

Mein innerer Kritiker hatte recht. Ich blätterte mein abgegriffenes Notizbuch eine Seite weiter und fuhr fort:

»Ich will jetzt endlich abgeholt werden…«

Selbstakzeptanz

»Ich will … und erkenne mich damit komplett an.«

Es fiel mir nicht schwer, mich mit diesem Wunsch anzunehmen. Natürlich war es in Ordnung, diesen Wunsch zu haben. Dem stand nichts entgegen.

Mitgefühl

»Ich will … und beziehe andere in meinen Wunsch mit ein.«

Was war das Schlimmste im Moment? Ich fror und fühlte mich ein bisschen einsam und verlassen hier draußen. Das war alles.

Wie viele Menschen frieren im Moment noch? Ich dachte an den Zeitungsartikel mit der Beschreibung der vielen Obdachlosen nach einem Erdbeben. Ich schämte mich ein bisschen und verband mich innerlich, so gut ich konnte, mit allen anderen, die im Moment *wirklich* froren. Ich schickte ihnen alle guten Wünsche und machte weiter:

Dankbarkeit

»Ich will … und erkenne, was ich schon alles habe.«

Dieser Punkt fiel mir nicht schwer. Ich hatte noch eine halbe Thermoskanne voll Tee, etwas zu essen, Geld für eine mögliche Taxifahrt und ein Handy. Ich saß auf einer Wartebank mitten in einem zivilisierten und reichen Land, freute mich über meine allmähliche Veränderung in meiner Wahrnehmung und war schon gespannt darauf, was mir bei meinem nächsten Punkt wohl einfallen würde.

Mitfreude

»Ich will … und freue mich darüber, wenn es andere bekommen.«

Muss das sein? Mein Ego griff energisch ein und lud mich dazu ein, altbekannte Gedankenmuster zu wiederholen: »Ich will genau das bekommen, was die anderen haben!« Ich atmete einige Male bewusst durch, umarmte innerlich die »kleine Elisabeth« und wartete ab, bis sich durch diesen kleinen Trost der Gedanke auch wieder aufzulösen begann.

Nach einer Weile war ich bereit dazu, mir die anderen Fahrgäste, die vor circa 20 Minuten hier am Bahnhof abgeholt worden sind, vor meinem inneren Auge vorzustellen und ihnen alles Glück für ein gemütliches warmes Zuhause zu wünschen.

Verzeihen

»Ich will … und verzeihe mir, den anderen und dem Leben, wenn ich es nicht bekomme.«

Wie oft schon hatte ich etwas in meinem Leben vergessen und damit andere Menschen in eine unangenehme Situation gebracht!

Ich trank noch ein paar Schluck von meinem Tee, versuchte meine klammen Finger an der Thermoskanne zu wärmen und vergegenwärtigte mir Situationen, in denen ich mit anderen Menschen unachtsam umgegangen war. Dies nahm eine ganze Weile in Anspruch, und schließlich fuhr ich mit dem nächsten Punkt fort.

Mut

»Ich will … und nehme die Herausforderung komplett an.«

Wofür könnte diese Situation gut sein? Was lerne ich gerade? Natürlich, Geduld. Bei mir musste normalerweise alles schnell gehen und perfekt funktionieren. Störungen in meinem Alltag warf ich dann häufig den anderen als Fehler vor, ohne mir selbst zu überlegen, ob ich es nicht war, die zu hohe Ansprüche gestellt hatte. Wie wäre es, wenn ich duldsamer und verständnisvoller mit meiner Umgebung umgehen würde? Wie oft trieb ich beispielsweise meine Kinder zur Eile an?

Ich war bereit, diese Lehre anzunehmen und mich mit meiner Wartesituation zu versöhnen.

Loslassen

»Ich will … und entdecke die Kunst der Widerstandslosigkeit.«

Inzwischen war etwa eine halbe Stunde vergangen, ich stand auf und umwanderte das Bahnhofsgebäude. Was war eigentlich schlecht daran, hier ein bisschen spazieren zu gehen? Ich ging oft nach draußen, warum wollte ich jetzt gerade lieber drinnen sein? Ich nutzte die Zeit für eine kleine Gehmeditation und begleitete meinen Atem mit den Worten: »Einatmend nehme ich meine Gedanken und Gefühle wahr, ausatmend lasse ich meine Gedanken und Gefühle los.«

Ich kenne diese Meditation von Thich Nath Hanh und war froh, sie wieder einmal üben zu können.

Nach etwa 40 Minuten bog ein grüner Fiat um die Ecke und hielt knapp vor mir an. Manuel, einer der Veranstalter des Wochenendseminars, sprang aus dem Auto, lief mir entgegen und breitete schuldbewusst seine Arme aus: »Wartest du schon lange hier? Bist du sauer? Es ist wohl ein bisschen spät geworden.«

Ich packte meinen Rucksack auf den Rücken, klemmte mir die Reisetasche unter den Arm und ging ihm entgegen.

»Kein Problem. Ich hatte hier sowieso noch zu tun.«

I. Die sieben Qualitäten im Überblick

»Das Mitgefühl mit uns selbst schenkt uns das Vermögen, die Verurteilung in Vergebung zu verwandeln, den Hass in Freundschaft und die Furcht in Respekt vor allen Lebewesen.«

Jack Kornfield

Es gibt verschiedene Möglichkeiten, uns selbst zu betrachten. Wir können uns anhand unserer persönlichen Lebensgeschichte näherkommen, systemische Bezüge mit einbeziehen, Defizite und Schwächen zu überwinden versuchen oder mehr an unseren Fähigkeiten arbeiten.

Die hier vorgeschlagene Möglichkeit besteht darin, uns selbst im Spiegel von Qualitäten wahrzunehmen:

Wie schätzen Sie Ihre Qualitäten ein?

- Wie schätze ich meine *Selbstakzeptanz* ein?
- Ist *Mitgefühl* ein natürlicher Ausdruck meines Seins?
- Fällt es mir leicht, *Dankbarkeit* im Herzen zu entwickeln?
- Wie viel Raum hat *Mitfreude* in meinem Leben?
- Welchen Stellenwert hat *Verzeihen* in meinem Leben?
- Wie erlebe ich mich im Bezug auf *Mut*?
- Kenne ich *Loslassen* oder bin ich eher vertraut mit Festhalten?

Manchmal frage ich mich als Psychotherapeutin, was es wohl bedeuten würde, Klienten weniger über ihre »Neurosenstruktur« als über ihre »Qualitätenstruktur« wahrzunehmen.

Die Einladung hier besteht darin, immer mehr den in uns liegenden Qualitäten zu vertrauen und sie als schöpferische Kraft für die unterschiedlichsten problematischen Situationen in unserem Leben zu Hilfe zu nehmen.

In diesem Kapitel nun beschäftigen wir uns mit diesen Qualitäten und lernen erste Wege kennen, wie wir auf natürliche Weise in Kontakt zu ihnen kommen.

Beginnen wir mit der Geschichte von Norbert, einem Mann, der sich in einer schweren Lebenskrise befand, sich den in ihm liegenden Qualitäten öffnete und damit eine stabile Ausgangssituation zur Bewältigung seiner Probleme erreichte.

Norbert, der Schmerz und die Ungerechtigkeit des Schicksals

»Ich will keine Schmerzen mehr haben.«
»Ich will, dass mein Körper wieder so gut funktioniert wie vor meinem Unfall.«
»Ich will, dass das Leben gerecht zu mir ist.«

Beispiel

Norbert ist ein 42-jähriger Bauarbeiter, der bei seinem Schwager beim Außenanstrich des Hauses geholfen hatte und dabei von einem drei Meter hohen Gerüst gefallen war. Er traf mit dem Rücken auf eine Betonplatte auf, und seine schweren Verletzungen führten schließlich zu seiner Berentung. Trotz mehrmaliger operativer Eingriffe und diverser medikamentöser Behandlungen gelang es nicht, die verbleibenden Schmerzzustände in den Griff zu bekommen. Neben seiner enormen Wut auf seine Schwester und seinen Schwager, von denen er sich nach diesem Unfall emotional völlig im Stich gelassen fühlte, kam Norbert verständlicherweise mit der Tatsache, »plötzlich fast ein Krüppel zu sein«, nicht zurecht. Er wertete sich selber massiv ab und dachte immer wieder einmal daran, sich das Leben zu nehmen.

Eineinhalb Jahre nach dem Unfall kam er zu mir zur psychologischen Schmerztherapie, und zunächst widmeten wir unsere gemeinsame Zeit dem Zulassen von Wut, Verzweiflung und Resignation gegenüber seinem nun als sehr eingeschränkt empfundenen Leben. Nach einigen Wochen gelang es ihm, mit seinem Schwager und seiner Schwester ehrlich darüber zu sprechen, wie sehr er sich von ihnen im Stich gelassen gefühlt hatte. Eine erste Annäherung, ihnen zu verzeihen, gelang ihm, als er bemerkte, dass die beiden aus einem tiefen Schuldgefühl ihm gegenüber heraus gehandelt bzw. nicht gehandelt haben und nicht, weil ihnen der Unfall mit all den schrecklichen Folgen gleichgültig gewesen wäre.

Nachdem er sich nun etwas in seiner Situation entspannen konnte, begannen wir mit einer psychologischen Schmerztherapie, die auf verschiedenen Visualisierungsübungen beruht. Die für ihn wirkungsvollste bestand darin, sich vorzustellen, dass aus einer heilenden Lichtquelle mitten in seiner Brust auf Höhe des Herzens helles Licht durch seinen Körper strömt und die Schmerzpunkte allmählich durchdringen konnte.

Diese Übungen bewirkten zwar eine Schmerzreduzierung, aufgelöst werden konnte der Schmerz dadurch jedoch nicht vollständig.

Nach weiteren Wochen des Übens musste Norbert akzeptieren, dass ein gewisser »Restschmerz« bestehen blieb. Er war zwar in der Zwischenzeit in der Lage, einfache handwerkliche Tätigkeiten auszuführen, jedoch konnte er seinen Körper nicht mehr so einsetzen wie früher.

In diesem für ihn schmerzhaften Prozess des Akzeptierenlernens von körperlichen Begrenzungen entschied er sich, an einem meiner Wochenendseminare teilzunehmen. Dies geschah weniger aus einem besonderen Interesse dem Thema »Wünsche loslassen« gegenüber als eher der Tatsache, »mich irgendwie beschäftigen zu müssen«.

Selbstakzeptanz

In der ersten Sitzung zum Thema Selbstakzeptanz formulierte er für sich nach einigen Überlegungen die Sätze:

»Ich will keine Schmerzen mehr haben.«
»Ich will, dass mein Körper so gut funktioniert wie vor meinem Unfall.«
»Ich will, dass das Leben gerecht zu mir ist.«

Vor allem beim zweiten Wunsch spürte er, wie viel unerledigter Groll und Wut auf das Schicksal noch in ihm war. Er entschied sich, mit diesem Satz während des Wochenendes zu arbeiten.

Mitgefühl

Der 2. Schritt des Kurses fiel ihm nicht schwer: Mitgefühl mit all den Menschen zu entwickeln, die eine ebenso schwere Beeinträchtigung bzw. eine noch größere erdulden müssen, öffnete sein Herz und entspannte ihn – jedenfalls immer mal wieder für eine gewisse Zeitspanne.

Dankbarkeit

Bei dem Thema Dankbarkeit, dem 3. Schritt, wurde er zunächst wütend. Die Aufforderung in der Aussage »*Ich will … und erkenne, was ich schon alles habe*« kam ihm in seiner Situation völlig unrealistisch vor. Seiner Meinung nach hatte er aufgrund des Unfalls fast alles verloren, und es kam ihm unehrlich vor, für irgendetwas dankbar zu sein.

Widerstand gegenüber einzelnen Werten, wie hier der Dankbarkeit, ist nachvollziehbar und wird ebenso gewürdigt wie alle anderen inneren Tendenzen, die in diesem 7-Schritte-Kurs vielleicht auftauchen.

Nachdem Norbert die Arbeitsblätter der anderen Teilnehmerinnen und Teilnehmer mitverfolgt hatte, fiel uns dann doch gemeinsam etwas ein, womit er – ohne in irgendeiner Weise Druck auf sich ausüben zu müssen – mit dem Thema Dankbarkeit arbeiten konnte.

Da er sehr motiviert war, weiterhin an einer möglichen Reduktion seiner Schmerzen mitwirken zu wollen, erklärte er sich dazu bereit, seine Achtsamkeit während des Tages auf die Zeiten zu richten, an denen er etwas weniger Schmerzen als normalerweise hatte bzw. auch einmal fast schmerzfrei war. Diese »Ausnahmen« zu bemerken und auch zu protokollieren kannte er bereits aus seiner psychologischen Schmerztherapie. Der neue und qualitative Unterschied war, sich in diesen Phasen der relativen Entspanntheit seinem Körper mit einem inneren »danke« freundlich und liebevoll zuzuwenden. Dieses schlichte Wort bewirkten in ihm eine zusätzliche Entspannung und ein Wohlgefühl, die ihm in seiner häufig als desolat empfundenen Lage sichtlich guttaten.

»Ich will ... und erkenne, was ich schon alles habe« bedeutet also in diesem Fall, *»ich will schmerzfrei leben und erkenne – zumindest in Ansätzen –, wann dies bereits geschieht.«*

Das Thema in der Gruppe bezog sich noch eine Weile auf die Qualität der Dankbarkeit und der Möglichkeit, großzügig das weiterzuschenken, was man selbst gerne hätte.

Zu seinem Ausgangssatz *»Ich will ... vom Schicksal gerecht behandelt werden und schenke genau das weiter«* fiel ihm zunächst verständlicherweise wieder nichts ein. Die bereits erfahrenen Gruppenteilnehmer halfen ihm weiter: Wann bist du gerecht genug zu anderen? Fühlen sich andere Menschen in deiner Umgebung wohl und von dir – statt vom Schicksal – gerecht und fair behandelt? Gibst du den anderen das, was du dir selbst wünschst?

Fast jeder Mensch hat bei diesem 7-Schritte-Programm irgendeinen besonderen »Favoriten«, irgendeinen Punkt, der sein Herz besonders berührt. Für Norbert war es genau die Erkenntnis, die er hier gespiegelt bekam. Es fiel ihm wie Schuppen von den Augen, wie unfair er seit seinem Unfall seine Frau und seine Kinder behandelt hatte. All die Fürsorge und Aufmerksamkeit wehrte er die meiste Zeit ab, weil er so sehr mit seinen eigenen Problemen und seinem Schmerz beschäftigt war. Es wurde ihm klar, dass er sich während der letzten eineinhalb Jahre überhaupt nicht mehr für die Gefühle seiner Kinder interessiert hatte, er wusste nicht einmal, welche Freunde sie gerade hatten und wie es ihnen in der Schule ging. Ebenso wenig hatte er sich um die Angelegenheiten seiner Frau gekümmert. Es kam ihm wie selbstverständlich vor, dass sich alles um ihn und seine Krankheit drehte.

»Ich will vom Schicksal gerecht behandelt werden und schenke genau das weiter« bedeutete für ihn auch zu erkennen, wie ungerecht er letztendlich seinen Schwager und seine Schwester behandelt hatte. Indirekt hatte er ihnen die Schuld für seinen Unfall gegeben und es ihnen auch immer mehr oder weniger deutlich gezeigt. Er verstand nun, dass die beiden sich von ihm zurückziehen mussten, um sich selbst zu schützen.

Zum ersten Mal dachte er nicht an seine eigenen Schmerzen und an das eigene Leid, das ihm widerfahren war, sondern richtete seine Aufmerksamkeit nach außen.

Später erzählte er, dass ihm diese Aufmerksamkeitsverlagerung von sich selbst hin zu den anderen sehr geholfen habe, immer mal wieder seinen Schmerz »zu vergessen«.

Die zu diesem Punkt vorgeschlagene Übung machte ihm, wie er berichtete, sehr viel Freude und half ihm, dass tief in ihm etwas zum Frieden finden konnte.

Wie immer forderte ich die Kursteilnehmer dazu auf, sich schriftlich mit den einzelnen Punkten zu beschäftigen.

Norbert nahm sich vor, sich regelmäßig mit zwei Fragestellungen zu beschäftigen:

1. Wem habe ich heute Schmerzen zugefügt?
2. Wen habe ich heute ungerecht behandelt?

Und im Anschluss daran auch:

1. Wen habe ich heute gut behandelt?
2. Zu wem war ich heute in welchen Situationen besonders gerecht?

Man muss nicht unbedingt die buddhistische Philosophie und den darin enthaltenen Karmagedanken, das Gesetz von Ursache und Wirkung, zur Grundlage nehmen, um die wohltuenden Effekte dieser Vorgehensweise für sich zu entdecken.

Norbert hatte genug von diesem Wochenende mitgenommen. Die letzten Punkte besprachen wir nur noch am Rande.

Verzeihen

Die Wichtigkeit des Verzeihens war ihm bereits vertraut. Neu jedoch für ihn war, dass es auch für ihn darum gehen sollte, sich selbst den Unfall zu verzeihen:

»Ich will schmerzfrei leben und verzeihe mir und den anderen, wenn ich es nicht bekomme« bedeutete für ihn *»ich will schmerzfrei leben und verzeihe mir, dass ich damals vom Gerüst gefallen bin«*.

Uns selbst zu verzeihen fällt meist noch viel schwerer, als anderen zu verzeihen. Zunächst musste es reichen, diese Information als Möglichkeit für eine spätere Arbeit überhaupt einmal in sich wirken zu lassen.

Beim Thema Mitfreude »*Ich will schmerzfrei leben und freue mich darüber, wenn andere schmerzfrei leben*« stieg Norbert innerlich wieder aus. Dieser Schritt schien ihm zu schwer, und dies ist auch – wie immer – vollkommen in Ordnung.

Mitfreude

Allerdings erklärte er sich bereit, immer mal wieder anderen Mitpatienten mit einer ähnlichen Symptomatik von seinen positiven Erfahrungen der inneren Visualisierung zur Schmerzreduktion zu erzählen, um ihnen eventuell mithilfe seiner eigenen Erfahrungen eine Stütze sein zu können und sich dann auch mit ihnen zu freuen, wenn es ihnen besser geht.

Zum letzten Punkt, der Annäherung an das Loslassen »*Ich will schmerzfrei leben und erkenne die Weisheit in der Widerstandslosigkeit*«, konnte er beisteuern, dass er sehr vertraut mit dem umgekehrten Fall war: Immer dann, wenn er nicht loslässt, verstärken sich seine Schmerzen. Eine noch umfassendere Sichtweise bezüglich des Loslassens war in diesem Moment für ihn noch nicht das passende Thema.

Loslassen

Der erste Schlüssel zum Glück: Selbstakzeptanz

»Ich will ... und erkenne mich damit komplett an.«

»Wenn Ihr nicht wisst,
wie ihr mit einem unangenehmen
Gefühl angemessen umgehen könnt,
so verfügt Ihr noch nicht über die Weisheit
einer Mutter, die ihr weinendes Kind
einfach auf den Arm nimmt.«

Thich Nath Hanh

Woran erkennen wir Selbstakzeptanz?

Wir schauen in den Spiegel und sind einverstanden damit, was auch immer gerade reflektiert wird. Wir erleben unsere ganz persönlichen gefühlsmäßigen Hochs und Tiefs und geraten dabei nicht in Panik. Wir stecken im Laufe unseres Lebens Misserfolge ein, vielleicht hier und da auch Scheitern, und nehmen uns dies nicht nachhaltig übel.

Wir gehen durchs Leben mit innerer Würde und Gelassenheit.

Selbstakzeptanz ist eng verbunden mit Selbstbewusstsein.

Lama Walli, meine buddhistische Lehrerin, hat dies einmal so definiert: »Selbstbewusstsein ist das tiefe Vertrauen in das Gute in uns.«

Wenn wir in uns selbst nicht das Gute wahrnehmen, wenn wir keinen Kontakt dazu finden, bemerken wir dies häufig daran, dass wir uns selbst nicht vertrauen und stattdessen abwerten. Wir fühlen uns gefangen in leidvollen Abwärtsschleifen und entfernen uns mit unseren Gedanken und Gefühlen uns selbst gegenüber immer mehr von diesem »grundsätzlich Guten« in uns.

Martin, ein 43-jähriger Lehrer, begann seine Reise zu sich selbst an einem Punkt, »an dem ich dachte, dass es nur noch bergab geht«.

Beispiel

Wann begann meine Unfähigkeit, zu leben?
Bin ich depressiv oder was ist los mit mir?
Depressiv wohl nicht, denn das Wort klingt ja nach etwas. Ich aber fühle nichts. Leere, einfach nichts eben. Oder manchmal so eine Spur von Traurigkeit. Aber welche Traurigkeit? Es ist doch nichts oder vielmehr alles in Ordnung. Das Leben wird mir so schwer. Termine, Begegnungen, sprechen, zuhören, irgendwie reagieren. Ich will gar nichts mehr, vielleicht schlafen oder aus dem Fenster starren. Nein, nicht aus dem Fenster. Es könnte Bewegung geben da draußen, lieber die Wand anstarren. Aber die Bilder – schwarz wäre gut. Aber wer traut sich schon, die Wände schwarz anzumalen. Dabei liebe ich schwarz. Es ist so undurchdringlich, keine bunte Schmiererei, nichts Grelles, nichts, was den Augen wehtut – nein, einfach schwarz.
Nichts tut mehr weh. Eingehüllt, geschützt, geborgen. Dieser Friede! Aber er währt nicht lange. Der Wecker, die Uhr tickt monoton und hart ihren Rhythmus. Ticktack – ticktack – ticktack. Wie lange denn noch? Eine Minute, eine Stunde, viele Stunden, Tage, endlose Wochen und immer so weiter. Nicht auszuhalten dieser Gedanke, ticktack, ticktack. Sei doch still, halt doch an. Welt, halte doch endlich an! Ich kann deine Betriebsamkeit nicht mehr aushalten.
Ich kann mich nicht mehr aushalten.

Wir nähern uns dem Thema der Selbstakzeptanz mit seinem Gegenteil: Auf welche Weise werten wir uns selbst und das Leben immer wieder ab? Wie schaffen wir es, uns nicht zu akzeptieren? Mit welchen Mechanismen verhindern wir Selbstakzeptanz – und damit auch Offenheit für das Leben selbst?

Wir können uns Selbstakzeptanz nicht einreden, aber wir können entdecken, mit welchen inneren Glaubenssätzen wir verhindern, zu uns selbst in einen liebevollen und von Wertschätzung getragenen Kontakt zu treten.

Martins depressive Phasen gingen einher mit einer massiven Selbstabwertung bis hin zu Selbsthass.

Als er das erste Mal an dem Kurs »Wünsche loslassen – das Leben gewinnen« teilnahm, fand er für sich folgende »Ich-will«- und »Ich-will-nicht«-Sätze, mit denen er über viele Monate arbeitete.

»Ich will ... meine Depressionen loswerden.«
»Ich will ... anders sein, als ich bin.«
»Ich will ... mehr Erfolg haben im Leben.«
»Ich will ..., dass mich irgendjemand in meiner Einsamkeit versteht.«

Was ist nun Selbstakzeptanz?

Es ist gar nichts Kompliziertes, sondern besticht eher durch seine Schlichtheit:

»Ja, so ist es gerade und so darf es sein«.
»Ich nehme mich komplett an als jemand, der seine Depressionen loswerden möchte.«
»Ich nehme mich komplett an als jemand, der anders sein will, als er ist.«
»Ich nehme mich komplett an als jemand, der mehr Erfolg haben will im Leben.«
»Ich nehme mich komplett an als jemand, der sich wünscht, in seiner Einsamkeit verstanden zu werden.«

Dieser erste Schritt ist eher ein Innehalten unserer gedanklichen Bewegungen. Wir neigen häufig dazu, uns selbst entweder mit unseren Gefühlen abzuwerten (»Ich will anders sein, als ich bin ... mit mir stimmt etwas nicht ... meine Symptome sind lächerlich ... ich sollte nicht so viel rumjammern...« usw.), oder wir geraten ins Agieren (»Ich muss etwas gegen meine Depressionen tun ... ich halte mich so nicht mehr aus ... wie komme ich da raus? ...« usw.).

Selbstakzeptanz, wie sie hier verstanden wird, bleibt genau in der Mitte zwischen diesen beiden Extremen stehen, und wir nehmen uns so an, wie wir gerade sind. Kein Wegdrängen und auch keine vorschnelle Lösungssuche – einfach damit sein, was gerade ist.

Ich nehme mich so an, wie ich bin

Dies kommt uns manchmal in seiner Schlichtheit schwierig vor. Wir sind es gewohnt, auf unsere Gedanken und Gefühle, gerade auch uns selbst gegenüber, sofort zu reagieren. Ein schlichtes Innehalten, ein genaues Wahrnehmen unserer Befindlichkeit und die komplette Akzeptanz dessen, was auch immer gerade auftauchen mag, sind für uns häufig ungewohnt.

Gerade auch dann, wenn ambivalente Wünsche auftauchen, sind wir meist völlig überfordert. Martin beispielsweise litt lange Zeit darunter, sich auf der einen Seite Hilfe während seiner depressiven Phasen zu wünschen und auf der anderen Seite sich selbst komplett damit abzuwerten und aufgrund der emotionalen Schutzmauer, die er um sich herum gezogen hatte, niemanden an sich heranzulassen.

Zu entdecken, dass beide Tendenzen vollständig in Ordnung sind und nebeneinander bestehen dürfen, konnte er sich zunächst überhaupt nicht vorstellen, gleichermaßen entdeckte er mit der Zeit die wohltuende Wirkung dieser Selbstakzeptanz auch einander widerstreitender Tendenzen gegenüber.

»Ich würdige und akzeptiere mich als jemand, der in seiner Einsamkeit verstanden werden möchte, und gleichzeitig würdige und akzeptiere ich mich dafür, niemanden an mich heranlassen zu wollen. Beide Wünsche sind nachvollziehbar und verständlich, und ich beginne schrittweise, mich beiden gegenüber zu öffnen – wie unvereinbar sie zunächst auch aussehen mögen.«

Je mehr wir uns in und mit unseren eigenen Unzulänglichkeiten, Schwächen und Schwierigkeiten entspannen, werden wir auch die Qualitäten entdecken, die dann zum Vorschein kommen, wenn wir uns ihnen ganz öffnen.

Martin lernte, sich Schritt für Schritt zu akzeptieren als jemand, der einen seinem Schutzbedürfnis angemessenen Wunsch nach Nähe hat. Das heißt, er musste sich weder angreifen für seine »Schwäche«, niemanden an sich heranlassen zu können, noch für seine nicht erfüllte Sehnsucht nach Nähe.

Selbstakzeptanz bedeutet also die Wahrnehmung und Würdigung aller unserer inneren Tendenzen, egal, wie fremdartig, unangenehm, peinlich, beängstigend oder unangebracht sie uns auch erscheinen mögen. Wenig Selbstakzeptanz kann in dem hier verstandenen Sinn, als Kampfgeschehen in uns selbst definiert werden, das uns letztendlich erschöpft und mehr oder weniger tiefe Spuren der Verbitterung hinterlässt.

Fragen und Antworten zur »Selbstakzeptanz«

Frage: Ist die Gefahr bei Selbstakzeptanz nicht, dass wir egoistisch werden?

Antwort: Eine gesunde Art von Selbstakzeptanz bedeutet, im Reinen mit uns selbst zu sein. Je mehr wir in unserer eigenen Mitte sind, desto weniger brauchen wir von außen. Das Festhalten an unserem kleinen Geist, der sich um alles Sorgen macht, sich um sich selbst dreht, sich von anderen abgrenzt und immer darauf achtet, das größte Stück Kuchen zu bekommen, ist kein Zeichen von gesunder Selbstakzeptanz, sondern hat eher etwas damit zu tun, dass wir uns selbst im Defizit erleben.

Verstehen wir Selbstakzeptanz richtig, sind wir verbunden mit unserem offenen Geist und liebevollen Herzen, dann ergeben sich natürlicherweise die Qualitäten des Mitgefühls und der Liebe auch anderen gegenüber.

Frage: Ist es denn ein Zeichen von wenig Selbstakzeptanz oder Selbstwertgefühl, wenn ich immer glaube, ganz viel für mich zu brauchen, und unentwegt Wünsche des Wollens oder Nichtwollens in mir aufkommen?

Antwort: Wenn wir das Gefühl haben, ganz viel zu brauchen, ist erst einmal wichtig zu bemerken, dass dieser defizitäre innere Zustand sehr unangenehm ist bzw. uns – und häufig auch anderen – Leid zufügt.

Der Gedanke »ich will die ganze Zeit etwas haben« macht an sich unglücklich, wir denken immer, unser Unglück bestünde darin, dass wir nicht bekommen, was wir brauchen. Dies ist das bereits erwähnte Missverständnis.

Sie haben recht: Je mehr wir uns selbst ausgeglichen und in unserer Mitte fühlen, desto weniger brauchen wir von außen zu unserem Glück. Selbstbewusstsein in diesem Zusammenhang bedeutet, dass ich mir selbst bewusst bin über diesen Reichtum, der bereits in mir ist.

Frage: Ich kann mir ehrlich gesagt nicht vorstellen, dass bei mir im Grunde genommen alles in Ordnung ist. Dafür geht es mir viel zu schlecht.

Antwort: Unsere Verwirrung kann in der Tat sehr stark sein. Gedanken und Glaubensmuster üben einen starken Sog auf uns aus, sie beeinflussen unsere Gefühle und Körperreaktionen, und natürlich leiden wir dann.

Es geht hier nicht darum, diese Frustration über uns selbst nicht ernst zu nehmen, sondern sie zu entlarven. Wenn wir sagen, dass der Geist bereits perfekt ist und wir alle Qualitäten zum Glücklichsein bereits in uns tragen, so bedeutet das nicht, dass wir auch alle schon Zugang dazu gefunden hätten.

Unsere Schleier können wir Schritt für Schritt entfernen, indem wir mit unseren Gedanken und Wünschen arbeiten und auf diesem Weg die Qualitäten in uns entdecken, die zum Glück dazugehören. Zu diesem Zweck kann auch eine Psychotherapie nützlich sein.

Frage: Was ist der Unterschied zwischen Psychotherapie und einer Schulung in Achtsamkeit?

Antwort: Normalerweise sind wir in Gedankenketten gefangen und projizieren nach draußen, was wir innerlich erleben. Wir finden uns dann in unterschiedlichen Filmen wieder, in einem langweiligen Film, in einem Horrorfilm, in einem Film mit uns als Opfer usw. Diese Filme halten wir dann für die Realität und bekämpfen häufig den vermeintlich Schuldigen im Außen. Wenn wir unsere Achtsamkeit darauf richten, dass wir diese Filme gemäß unserer eigenen geistigen Verfassung erleben, dann sind wir schon einen entscheidenden Schritt weitergekommen.

In der Psychotherapie können wir mithilfe des Therapeuten so damit arbeiten, als ob wir uns gemeinsam diesen Film mit dem Hauptdarsteller, uns selbst, ansehen und gleichzeitig als Regisseure den Überblick behalten.

Dies passiert beispielsweise in der personenzentrierten Psychotherapie nach Rogers in einer nicht wertenden, von Empathie und Wertschätzung getragenen Weise allen Persönlichkeitsanteilen des Klienten gegenüber.

In diesen Fällen ist Psychotherapie eine Achtsamkeitspraxis – wir üben uns im nicht wertenden Annehmen dessen, was ist.

Der zweite Schlüssel zum Glück: Mitgefühl

»Ich will … und beziehe andere in meine Wünsche mit ein.«

»Großzügigkeit bringt die Eigenschaft
der Nichthabgier zum Ausdruck.
Sie ist bereit zu geben, zu teilen, loszulassen.
Wir fühlen uns durch ein liebendes Gefühl
dazu inspiriert zu geben, und im Akt des Gebens
verspüren wir noch mehr Liebe.«

Joseph Goldstein

Wie kommen wir in Kontakt mit der uns allen innewohnenden menschlichen Qualität der Großzügigkeit und des Mitgefühls?

Oder andersherum gefragt: Warum verschließen wir uns immer wieder vor dem eigenen inneren Potenzial unserer Liebe? Wovor haben wir Angst? Was denken wir, beschützen und bewahren zu müssen? Und – welche Kraft steckt im Mitgefühl?

Wenn wir beginnen, uns der Qualität des Mitgefühls zu öffnen, verstehen wir als Erstes, dass der Wunsch nach Glück universell ist: Alle Wesen wollen Glück haben und Leid vermeiden.

Die Fliege auf der Fensterscheibe möchte nicht zerquetscht werden, die Motten im Vorratsschrank kleben nicht gern stundenlang an einer Haushaltsfalle fest, bevor sie schließlich sterben. Unsere Kinder wollen nicht angeschrien werden, wenn sie ihre Milch umstoßen, unser Nachbar wünscht friedliche Ruhe und mag vielleicht unsere Musik nicht so gern. Unser Partner sehnt sich nach Zärtlichkeiten, auch wenn wir gerade keine Zeit zu haben glauben, und unsere Arbeitskollegen wünschen sich die gleiche Beförderung, wie wir sie gerne hätten.

Wenn wir beim Zahnarzt sitzen, haben auch die anderen Wartenden Schmerzen, und auf der Straße wünscht sich der Bettler an der Ecke keine vernichtenden und abwertenden Blicke.

Wir alle wollen glücklich sein, und ein erster Schritt in Richtung Heilung eigener blockierter Gefühle gegenüber besteht darin, uns dies immer wieder zu vergegenwärtigen, im Alltag die Wünsche der anderen mit zu bedenken und zu beobachten, wann wir unser Herz anderen gegenüber gerade offenhalten oder auch verschließen.

Wie gehen wir nun auf unserem Übungsweg konkret vor?

Es gibt zwei Aspekte, mit denen wir in unserem Alltag immer wieder üben können:

Mitgefühl verschenken

1. Wann immer wir etwas Freudvolles erleben, schenken wir es in Gedanken weiter und wünschen auch den anderen alles Glück.
2. Wann immer wir etwas Leidvolles erleben, öffnen wir uns gleichzeitig dem Leid der anderen und wünschen ihnen, dass sie davon frei sein mögen.

Wenn wir glücklich sind, sollten wir es mit vollem Herzen genießen. Es ist nichts Verwerfliches daran, wenn es uns gut geht. Viele Menschen blockieren sich, weil sie an Hungernde denken, während sie selbst gerade essen, an Einsame, während sich ihr Geliebter ihnen zärtlich zuwendet, an Zuhausegebliebene, während sie in ihren Traumurlaub fliegen. Davon wird keiner glücklich, aber einer – nämlich Sie – unglücklicher.

Genießen Sie Ihr köstliches Mahl, die zärtliche Umarmung und das Abenteuer einer Reise – und wünschen Sie allen anderen Menschen das gleiche Glück – und noch mehr, als Sie selber gerade haben.

Seien Sie nicht erstaunt, irgendwann einmal festzustellen, dass das Schenken mehr Freude macht als das Besitzen.

Der Reichtum, der Sie umgibt, rückt noch mehr in Ihr Bewusstsein, wenn Sie ihn verschenken – und sei es auch nur in Gedanken.

Als ich über die Qualität des Verschenkens bzw. des Mitgefühls nachdachte, erinnerte ich mich an die Zeit, als ich noch eine junge Psychologin war und eine Klientin zu mir kam, die unter heftigen Angst- und Panikattacken litt. Das Allerschlimmste, wie sie berichtete, wäre für sie, in irgendwelchen Situationen die Kontrolle zu verlieren. Eine Horrorvorstellung in diesem Zusammenhang war für sie, irgendwann einmal wegen einer Krankheit operiert werden zu müssen und eine Narkose zu bekommen, »wenn ich in eine solche Situation geraten würde, würde ich vorher lieber sterben«.

Mitgefühl verändert die Menschen

Ich versuchte damals mit den mir zur Verfügung stehenden psychotherapeutischen Methoden mehr schlecht als recht, sie bei ihren Ängsten zu unterstützen und ihr Hilfestellungen anzubieten. Dann geschah Folgendes: Ihre kleine Tochter erkrankte schwer, und sie kam als Rückenmarkspenderin für die Tochter infrage. Diesbezügliche Diagnostik und mehrere Untersuchungstermine bei ihrem Kind nahmen sie so sehr in Anspruch, dass sie für ein paar Wochen der Therapie fernblieb. Sie schrieb mir nur kurz den Stand der Dinge und vereinbarte einen Termin drei Wochen später.

Ich fühlte mich völlig hilflos und hatte keine Idee, was ich Frau M. als therapeutische Hilfe anbieten könnte. Ich stellte mir vor, wie schrecklich es ihr doch gehen müsse, auf der einen Seite sicherlich ihrer kleinen Tochter helfen zu wollen und auf der anderen Seite ihre Panikzustände bezüglich einer drohenden Narkose nicht aushalten zu können.

In diesen drei Wochen wälzte ich Fachbücher, sprach mit Kollegen und fühlte mich dabei nicht wirklich sicherer.

Als nach den drei Wochen der anberaumte Termin nun endlich stattfand, fand ich – vollkommen entgegen all meinen Befürchtungen – Frau M. in komplett entspannter und gelöster Stimmung. Sie erzählte mir, dass sie nach dem anfänglichen Schock, ausgelöst durch die Erkrankung ihrer kleinen Tochter, so glücklich gewesen sei, als Rückenmarkspenderin für sie infrage zu kommen, um ihr damit zu helfen. Entgegen meiner Erwartungen hatte sie den Eingriff bereits hinter sich, und es fiel ihr selbst nicht einmal auf, dass sie die Narkose fast ohne Angst akzeptieren konnte. Während ich ziemlich fassungslos und staunend dasaß, erzählte sie mir weiter, wie glücklich sie sei, ihrem Kind geholfen zu haben. – Kein Wort über Panikattacken oder Angstzustände.

Damals hatte ich weder selbst eigene Kinder noch irgendwelche Erfahrungen bezüglich der heilenden Kraft von fürsorglicher und großzügiger Liebe. Erst viele Jahre später fiel mir während eines Vortrages meines buddhistischen Lehrers Lama Ole Nydahl diese Begebenheit wieder ein. Er erinnerte uns immer wieder geduldig und liebevoll daran:

»Wenn du an dich selbst denkst, hast du Probleme, wenn du an andere denkst, dann hast du Aufgaben.«

Die Kraft dieses Sich-selbst-Verschenkens hat dabei nichts mit einer moralischen Instanz zu tun, sondern bringt uns in Kontakt mit einer tieferen Ebene unseres Mitgefühls und entfaltet eine heilende Wirkung allen Beteiligten – einschließlich uns selbst – gegenüber.

Es ist leicht, unseren eigenen Kindern gegenüber Mitgefühl zu entwickeln. Die Frage ist, ob wir nicht dieses grundsätzliche Potenzial in uns stärken wollen – auch anderen gegenüber.

Mitgefühl mit Fremden

Sehen wir uns hierzu einige Beispiele an:

- Ein Ehepaar, dessen 7-jähriger Sohn an Leukämie gestorben ist, gründet eine Elterninitiative für Familien mit krebskranken Kindern, initiiert Flohmärkte auf seinem Hof zugunsten der Geschwister der erkrankten Kinder und bietet sich als Anlauf- und Informationsstelle der Betroffenen an.
- Ein 15-jähriger Junge, in dessen Klasse ein nicht sehr durchsetzungsfähiger und unbeliebter Lehrer, der von den Mitschülern gemobbt wird, unterrichtet, stellt sich auf die Seite des Lehrers und nimmt in Kauf, damit selbst zum Außenseiter in der Klasse zu werden. Er folgt damit mehr seinem eigenen Gewissen als dem Gruppendruck, der von der stärksten Clique der Klasse ausgeht und alle Schüler – bis auf ihn selbst – umfasst.
- Eine junge, nicht sehr wohlhabende Frau bemerkt nach ihrem Einkauf in einem Porzellanwarengeschäft, dass sich die Kassiererin zu ihren Gunsten um über 20 Euro verrechnet hat. Sie kehrt zurück in den Laden und bezahlt nachträglich den Betrag, um die Verkäuferin nicht in eventuelle Schwierigkeiten zu bringen.

Bemerken Sie, wie sich Ihr Herz öffnet beim Lesen dieser Beispiele? Wir treten in Kontakt mit unserem grundlegenden Gut-Sein und Mitgefühl.

Hierbei müssen wir nichts kreieren, es ist natürlicherweise da und wird wie – z. B. in diesen Beispielen – immer mal wieder freigesetzt.

Normalerweise lassen wir uns von unseren üblichen »Ich-will«-Mustern leiten, von einer manchmal unbewussten, aber nichtsdestoweniger klar kalkulierenden Kosten-Nutzen-Rechnung. Was bringt mir dieser Kontakt? Bekomme ich etwas zurück, wenn ich etwas einsetze? Lohnt sich das Geben?

An diesen Tauschgeschäften ist erst einmal nichts verkehrt, es ist zutiefst menschlich, und die Einladung besteht hierbei darin, sich diese teilweise sehr starken Tendenzen in uns bewusst zu machen.

Als nächsten Schritt können wir uns einfach fragen: Will ich in diesen klar kalkulierten Beziehungsgefügen leben? Will ich ausschließlich Gewinn machen? Wozu brauche ich das? Bin ich wirklich – nicht nur an der Oberfläche, sondern in der Tiefe meines Herzens – befriedigt, wenn diese Tauschgeschäfte zu meinen Gunsten ausgehen? Oder ist es so, dass ich immer mehr von diesen »ich kriege alles auch wieder zurück« brauche, um zufrieden zu sein?

Erst wenn ich in mir selbst das schale Gefühl, das meine Händlerseele zurücklässt, voll und ganz in seiner letztendlich nicht befriedigenden Mittelmäßigkeit erfahren kann, bin ich vielleicht bereit dazu, einen kleinen Schritt weiter zu gehen:

Spende ich für Erdbebenopfer Geld, auch wenn ich es steuerlich nicht mehr absetzen kann, weil die Höchstmenge bereits überschritten ist?

Halte ich immer noch Gefühle von Liebe und Fürsorge gegenüber meiner Ex-Schwiegermutter im Herzen, auch wenn sie nach unserer Scheidung den Kontakt zu mir komplett abgebrochen hat?

Wie kommen wir wieder in diesen natürlichen Fluss unserer Liebesfähigkeit?

Vielleicht haben Sie Lust dazu, zu diesem Thema eine kleine Übung durchzuführen.

Machen Sie bitte auf einem Blatt Papier zwei Spalten, die Überschrift der linken Spalte heißt »*Ich will*«, die Überschrift der rechten Spalte heißt »*Ich schenke*«. Nun nehmen Sie sich bitte ein paar Minuten Zeit und füllen zunächst die linke Spalte so aus, wie es Ihnen im Moment in den Sinn kommt. Erkennen Sie sich dabei bitte an als jemand, der in privaten wie auch beruflichen Beziehungen Kosten-Nutzen-Rechnungen aufstellen darf. Seien Sie nicht vernünftig, liebevoll oder spirituell – schreiben Sie einfach alles auf, was Sie wollen.

Übung

»Ich will«	»Ich schenke«
Ich will für meine Arbeit angemessen bezahlt werden	
Ich will bei meinen Kollegen beliebt sein	
Ich will von meinem Partner emotionale Nähe	
Ich will dankbare und glückliche Kinder	
Ich will bei den Nachbarn, denen ich immer wieder einmal helfe, beliebt sein	
usw.	

Als Nächstes wenden Sie sich bitte der rechten Spalte zu und formulieren Sie die gleichen Sätze mit »Ich schenke«, auch wenn Ihnen dies im einen oder anderen Fall ungewohnt vorkommen mag.

»Ich will«	»Ich schenke«
Ich will für meine Arbeit angemessen bezahlt werden	Ich schenke meiner Firma meine Arbeitskraft
Ich will bei meinen Kollegen beliebt sein	Ich schenke meinen Kollegen meine Freundlichkeit und meine Fairness
Ich will von meinem Partner emotionale Nähe	Ich gebe meinem Partner das, was er von mir braucht, um glücklich zu sein
Ich will dankbare und glückliche Kinder	Ich drücke meinen Kindern gegenüber meine Dankbarkeit aus, das Privileg zu haben, mit ihnen zusammen leben zu dürfen
Ich will bei den Nachbarn, denen ich immer wieder einmal helfe, beliebt sein	Ich schenke meinen Nachbarn das Gefühl, von mir gemocht und wertgeschätzt zu werden
usw.	usw.

Nun machen Sie bitte folgendes kleines Experiment: Lesen Sie ganz langsam die rechte Spalte Ihrer Aufzeichnungen durch und spüren nach, wie es Ihnen dabei geht. Können Sie bemerken, wie sich Ihr Herz beim Lesen öffnet? Bemerken Sie, wie Ihr Körper sich zu entspannen beginnt und Ihr Atem tiefer fließt? Bemerken Sie, vielleicht zunächst in Ansätzen, welches tiefe Glücksgefühl Sie gerade kontaktieren? Wenn Sie an irgendeiner Stelle ein eher entgegengesetztes Gefühl bemerken, Ihr Herz verschließt sich, Ihre Muskeln spannen sich an, ein inneres »Nein« möchte gehört werden – dann nehmen Sie sich auch damit komplett an. Es ist ein Zeichen dafür, dass Sie an dieser Stelle noch nicht mit genügend Selbstakzeptanz und Selbstliebe versorgt sind. In diesem Fall nehmen Sie dies als wichtiges und ernst zu nehmendes Hinweiszeichen dafür, dass es noch Themenbereiche in Ihrem Leben gibt und auch geben darf, die Ihrer Fürsorge bedürfen. Immer dann, wenn Sie von Herzen schenken können, ohne etwas zurückzuerwarten, ist dies ein Hinweis darauf, dass die Liebe in diesem Bereich ungestört fließen kann und damit zu einer tiefen Glücksquelle wird.

Eine kleine Variante, die Sie sich in diesem Zusammenhang gönnen können, lautet folgendermaßen:

»Ich schenke meiner Firma meine Arbeitskraft ... und es ist gut so.«

»Ich schenke meinen Kollegen meine Freundlichkeit und meine Fairness ... und es ist gut so.«

Usw.

Diese kleine Zusatzformulierung »... und es ist gut so« verstärkt in uns den Impuls des natürlichen Schenkens.

Dieser Vorschlag ist erst einmal ein Gedankenexperiment. Es geht hier darum, innere Blockaden zu lösen, und heißt nicht, dass Sie Ihrem Chef nun plötzlich erzählen sollen, kein Geld mehr für Ihre Arbeit zu wollen oder es Ihnen unangenehm sein muss, beliebt zu sein und Beziehungsgeschenke von anderen zu erhalten. Es ist eher eine Einladung an Sie, die Sinnhaftigkeit Ihres Tuns zu überprüfen und unseren konditionierten Reflex des »Habenwollens« einen Moment außen vor zu lassen. Wie ist das mit meiner Arbeit? Ist sie sinnhaft an sich? Stellt sie aus sich selbst heraus einen Wert dar, der mich erfüllt und andere bereichert? Wie ist das mit meinem Partner? Höre ich ihm zu, schenke ich ihm Aufmerksamkeit, einfach deshalb, weil es sich gut und richtig anfühlt, es zu tun?

Koche ich meinen Kindern etwas Leckeres zum Mittagessen, einfach weil ich gerne für eine herzliche und warme Atmosphäre nach der Schule sorge?

Entkoppeln Sie die rechte und linke Spalte dieser kleinen Übung und machen Sie sich einfach einmal Gedanken darüber, ob die rechte Spalte auch ohne linke Spalte »Standfestigkeit« hat oder ob sie umkippt.

Wenn Sie Punkte bemerken, die in Ihrem Leben nur als Kosten-Nutzen-Rechnung Sinn machen, dann ist es auch in Ordnung. Erkennen Sie sich dann als einen integren und ehrlichen Menschen an, der die Fähigkeit hat, authentisch zu sein und für sich einzustehen.

Dies kann zum wertvollen Beziehungsgeschenk werden, auch wenn es uns manchmal ungewohnt zu sein scheint.

»Ich höre dir jetzt aufmerksam zu, damit du nachher Lust hast, mit mir zu schlafen« ist in seiner erfrischenden Aufrichtigkeit allemal besser als indirektes und manipulatives Umschmeicheln, das die Stimmung in Beziehungen manchmal umnebelt.

Wenn ich ein leckeres Essen koche und meine Kinder ehrlich mit den Worten begrüße: »Falls ihr euch heute darüber freut, dann sagt mir das bitte sehr deutlich. Ich kann gerade jetzt ein Lob gut gebrauchen.« Diese Offenheit befreit Kinder von dem Druck, spüren zu müssen, was der andere gerade braucht, und sich dann unter Umständen schuldig fühlen zu müssen, wenn Mama wieder so traurig schaut, wenn sie es nicht angemessen äußern.

»Ich mag meine Arbeit nicht besonders, fühle mich unterfordert und lustlos ... aber ich liebe es, so viel Geld zu verdienen.« Dies setzt unter Umständen die Kraft frei, sich dem Thema der Sinnhaftigkeit in anderen Bereichen – oder sogar irgendwann einmal im Arbeitsleben – zu öffnen.

Zusammenfassend können wir Folgendes sagen: In diesem 2. Schritt nun, dem Entwickeln von Mitgefühl, gehen wir eine tiefe Liebesbeziehung ein. Unsere Liebe gilt hier jedoch nicht nur dem begehrten Objekt (Mann, Frau, Auto, Haus, Reise usw.), sondern all jenen, die ebenfalls begehren, sich sehnen, unglücklich sind und sich vielleicht – wie auch wir im Moment – allein fühlen. Diese Liebesbeziehung ist weiter und größer als die auf einen einzelnen Menschen eingeschränkte »Haben-Wollen-Liebe«.

Fragen und Antworten zu »Mitgefühl«

Frage: Es fällt mir schwer, anderen alles Gute zu wünschen, wenn es mir selber gerade schlecht geht. Eigentlich möchte ich mich dann lieber um mich selbst kümmern.

Antwort: Wenn wir hören, dass das Wohl der anderen ebenso wichtig ist wie das eigene, vielleicht sogar noch wichtiger, weil sie einfach zahlenmäßig mehr sind als wir, dann erschrecken wir uns manchmal. Das ist nicht weiter schlimm, es handelt sich nur um ein kleines Missverständnis. Wenn wir verstanden haben, dass wir letztendlich unter unserer eigenen Ich-Bezogenheit leiden, dass wir uns selber vom Leben abtrennen, wenn wir es allein besitzen wollen, dann wird es uns erst leichter fallen, natürlicherweise zu verstehen, dass Glück zu teilen ein freudvoller Prozess ist.

Im Grunde genommen sind wir andauernd auf der Suche nach Glück – und auch immer wieder frustriert. Selbst wenn wir es bekommen, können wir es nicht dauerhaft halten. Alles, was von außen kommt, ist von unterschiedlichen Bedingungen abhängig, fällt also eine Bedingung weg, so ist auch unser Glück verschwunden.

Anders sieht es mit unserem inneren Glück aus. Hier sind wir diejenigen, die entscheiden, ob es da ist oder nicht. Mitgefühl mit anderen zu entwickeln, ihnen alles Gute zu wünschen und unser Glück zu teilen, ist an sich freudvoll.

Frage: Theoretisch verstehe ich das, aber der praktische Umgang fällt mir schon sehr schwer.

Antwort: Versuchen Sie einmal, Ihre Achtsamkeit im Alltag darauf zu richten, wie sich Selbstzentriertheit anfühlt. Je enger unsere Sichtweise wird, desto unglücklicher sind wir in diesen Momenten. In dem Moment, wenn wir unser Greifen wieder loslassen, stellt sich eine Entspanntheit ein, die eine unabdingbare Voraussetzung für Glück ist.

Frage: Manchen Menschen gegenüber Mitgefühl zu entwickeln fällt mir leicht, bei anderen bemerke ich große Widerstände. Es gibt einfach viele Menschen, die ich nicht mag. Dann fühlt sich Mitgefühl auch künstlich an.

Antwort: Mitgefühl zu entwickeln ist ein Prozess. Wir können uns dabei ruhig Zeit lassen – wenn wir nicht all zu viele leidvolle Schleifen einbauen. In der Regel üben wir Mitgefühl auch Schritt für Schritt, d. h., wir fangen bei den Menschen an, die wir mögen, beziehen dann diejenigen mit ein, denen wir neutral gegenüberstehen, und wenden uns erst im Anschluss daran denjenigen zu, die wir schwierig finden oder die wir nicht leiden können. Gleichzeitig sollten wir uns vielleicht auch fragen, warum wir Widerwillen anderen Menschen gegenüber empfinden. Wenn wir verstehen, dass Anhaften und Ablehnen uns im Leid festhalten, dann motiviert uns dies vielleicht – schon uns selbst zuliebe –, unseren ablehnenden Geist einmal genauer zu untersuchen. In der Regel werden wir feststellen, auch wenn wir das im Moment gar nicht gerne hören, dass Ablehnung anderen gegenüber immer etwas mit uns selbst zu tun hat. Z. B. könnte es sein, dass der andere in uns Persönlichkeitsteile anspricht, die wir auch bei uns selbst ablehnen. Wenn wir dies entdecken, so ist dies ein großer Schritt. Wir erleben die sogenannte Außenwelt immer mehr als Projektion des eigenen Geistes, übernehmen die Verantwortung für unser Erleben und gehen damit in Richtung Freiheit.

Der dritte Schlüssel zum Glück: Dankbarkeit

»Ich will ... und erkenne, was ich schon alles habe.«

»Wir müssen jeden Augenblick ganz bewusst
und tief erleben, um wirklich glücklich zu sein.
Sei Dir bewusst, wie viele Gründe zur Freude Du hast.
Dann bist Du mit all den Möglichkeiten
für das Glück in Berührung.«

Thich Nath Hanh

Sie lesen gerade dieses Buch. Bitte schließen Sie für einen Augenblick die Augen und richten Ihre Aufmerksamkeit auf all das, was Sie im Moment umgibt und Sie mit Dankbarkeit annehmen können. Dann öffnen Sie wieder die Augen und bemerken, wie wunderbar es ist, sehen zu können.

Anlass für Dankbarkeit

Fällt Ihnen auf, dass Sie die schwarzen Zeichen vor sich auf dem weißen Untergrund entziffern und ihnen einen Sinn geben können? Sie atmen gerade und Ihre Organe funktionieren auf eine perfekte Art und Weise – jedenfalls so weit, dass Sie im Moment leben können. Sitzen Sie auf einem Stuhl, in einem Sessel oder einer Couch? Herrscht in Ihrem Zimmer eine angenehme Temperatur? Gibt es ein Fenster, durch das Sie nach draußen sehen können? Steht vielleicht eine Tasse Tee vor Ihnen oder wäre es möglich, sich etwas zu trinken zu besorgen? Gibt es Menschen in der Wohnung oder in dem Haus, in dem Sie sich gerade befinden? Oder wäre es möglich, in ein paar Minuten irgendjemanden zu sehen, wenn Sie es möchten? Z.B. die Verkäuferin in der nächstgelegenen Bäckerei? Würde sie Ihnen sogar etwas zu essen verkaufen, und zwar genau das, worauf Sie gerade Appetit haben?

Empfinden Sie den Herzschlag Ihres Körpers als Geschenk, oder machen Sie sich Sorgen darüber, vielleicht irgendwann einmal krank zu werden? Auch wenn Sie im Moment krank sind – fällt Ihnen auf, dass Sie jetzt gerade im Moment leben? Mit wie viel Prozent Ihrer Aufmerksamkeit sind Sie in der Gegenwart und berühren diese mit Dankbarkeit?

Welches Gefühl genau hindert Sie im Moment daran, Ihr Leben dankbar anzunehmen?

Was ist Ihnen von Bedeutung – jetzt? Das, was Sie gerne hätten, aber augenscheinlich im Moment nicht da ist? Beschäftigen Sie sich in Ihrem Leben eher damit, was Sie alles nicht haben, und betrauern diese Tatsache, oder richten Sie Ihr Augenmerk darauf, was im Moment da ist? Leben Sie den Augenblick aus der Tiefe Ihres Herzens, oder greifen Sie lieber nach irgendetwas, das vielleicht in einer wie immer definierten Zukunft eintreffen wird oder auch nicht?

Sich dem Augenblick öffnen

Den meisten Menschen macht es Angst, die in die Zukunft projizierten Luftschlösser fallen zu lassen. Wenn sie nicht mehr greifen, manipulieren und kontrollieren, kommt es ihnen so vor, als ob das Leben über ihnen zusammenbrechen würde.

Sich dem Augenblick zu öffnen, anstatt über die Zukunft nachzudenken, empfinden einige als schlichtweg zu langweilig. Wer bin ich ohne meine Pläne? Werde ich nicht wie ein kleines Schiff im Ozean führerlos dahintreiben, ohne mich auf ein Ziel hin auszurichten?

Es fällt uns zunächst – und für eine ganze Weile – schwer, uns vorzustellen, dass im gegenwärtigen Augenblick bereits alles enthalten ist, was wir zum Leben brauchen. Wir müssen uns nicht mehr krampfhaft darum bemühen, Pläne für irgendetwas in der Zukunft Liegendes zu schmieden. Wenn wir die komplette Offenheit eines Augenblicks kontaktieren, dann wissen wir intuitiv, was es zu tun gibt. Offen zu sein für den Moment kann also auch bedeuten, sich für eine in der Zukunft liegende Prüfung vorzubereiten, eine Fahrkarte für eine Zugfahrt im nächsten Monat zu kaufen oder den Speiseplan für nächste Woche zu schreiben.

Der Unterschied zu unseren normalerweise recht starren »Ich will« ist in diesem Fall, dass wir mühelos und natürlich mit dem Strom des Lebens schwimmen, ohne eingreifen oder manipulieren zu müssen, damit wir glücklich sind. Dankbarkeit darüber, was im Moment ist, stellt ein kraftvolles Mittel zur Verfügung, immer wieder in der Gegenwart anzukommen – und nur dort werden wir unser Glück finden.

Wie wollen wir mit Situationen umgehen, in denen es uns nicht gut geht?

»Ich will … dass es jetzt gerade anders ist, als es ist.«

Worauf auch immer sich dieser Wunsch beziehen mag, stellt ein Ungleichgewicht her zwischen dem Ist und wie auch immer gewünschten Sollzustand.

Sich vollkommen eins mit dem Reichtum des Augenblicks zu fühlen, wenn wir gerade krank sind, Schmerzen haben, uns einsam fühlen, wir uns ängstigen und bedroht fühlen, scheint nicht einfach zu sein. Noch schwieriger – oder unmöglich – mag sich der Vorschlag anhören, gerade dann mit der Qualität der Dankbarkeit in Kontakt zu treten.

Wenn das Leben über uns zusammenzubrechen droht und sich – je nach unseren Gewohnheitsmustern – Chaos in uns breitmacht, dann benötigen wir kraftvolle Mittel, um dem entgegenzusteuern.

Beispiel

Sabrina kam eines Tages nach ihrem dreiwöchigen Jahresurlaub zurück zu ihrer Arbeitsstelle und fand die Kündigung des Arbeitgebers auf ihrem Schreibtisch. Nach einigen Tagen im Schockzustand, in denen sie unfähig war, irgendetwas zu denken oder zu fühlen, machte sich eine umfassende Wut in ihr breit. Sie fühlte sich gedemütigt, ungerecht behandelt und malte sich in ihren Gedanken immer wieder aus, wie sie ihre Verbitterung in Rache umwandeln könnte. Viele Male stellte sie sich vor, wie sie ihrer Wut möglichst wirkungsvoll Luft machen könnte, was sie ihrem Chef alles an den Kopf werfen wollte usw. Danach kam die für sie bereits aus anderen Situationen bekannte Spirale des Selbstmitleids und der Resignation, sie grub sich in ihrer Wohnung ein und hatte keinen Antrieb, mit irgendjemandem noch zu sprechen oder in Interaktion zu treten.

Da sie bereits einige Erfahrungen hatte im »Wünsche loslassen«, fasste sie eines Tages den Entschluss, sich mit ihrer Situation anders als bisher auseinanderzusetzen. Zunächst akzeptierte sie ihre Wut und ihr Gefühl, ungerecht behandelt worden zu sein, kümmerte sich bewusst darum, Trost und Verständnis von Menschen zu erhalten, die sie mochte, und entwarf einen Brief für ihren Chef, in dem sie ihn um ein klärendes Gespräch bat.

Dies alles bewirkte eine geringfügige Verbesserung ihres Allgemeinzustandes, der Schmerz des Ungerechtbehandeltwerdens jedoch nagte weiter an ihr.

Eines Tages fiel ihr ein Artikel über Dankbarkeit in die Augen, und sie erkannte schlagartig, dass dies der bisher von ihr verleugnete Bereich war, dem sie sich nähern musste, wenn sie inneren Frieden erreichen wollte.

Sie setzte sich mit einer Freundin zusammen und bat sie um Unterstützung darin, den Fokus ihrer Aufmerksamkeit darauf hin zu lenken, wie viel Glück sie während der letzten 13 Jahre gehabt hatte. Sie machte sich in dem Gespräch Punkt für Punkt klar, wie unbeschwert und sorglos sie in dieser Firma gearbeitet hatte, überdurchschnittlich bezahlt worden war für eine Tätigkeit, die ihr Freude machte und sie erfüllte. Nach ihrem Studium hatten wenige der anderen Kommilitonen so viel Glück, und sie bemerkte, wie selbstverständlich es für sie immer war, an dieser Arbeitsstelle zu wirken. Mithilfe ihrer Freundin erstellte sie eine Bilanz und machte sich klar, wofür sie dankbar sein konnte während der letzten Jahre. Dies war eine Art Überlebenstechnik, wie sie später erzählte, und diese ermöglichte es ihr, in einigermaßen ruhigem Gemütszustand ihrem Chef wenige Tage später gegenüberzutreten.

Dieser war erstaunt darüber, wie innerlich gefasst seine Mitarbeiterin mit dieser Situation umging. Es stellte sich heraus, dass es ihm selbst bei diesem Vorgang nicht gut ging, er erklärte ihr die Gesamtzusammenhänge ihrer Kündigung, und sie erreichten beide schließlich eine zumindest annähernd zufriedenstellende Übergangslösung für Sabrina.

Dankbarkeit bringt uns in Kontakt mit dem Hier und Jetzt und verhilft uns dazu, uns entspannt darin niederzulassen. Es stellt ein Bindeglied dar zwischen den in unseren üblichen Widerständen dem Moment gegenüber (»Ich-will«- und »Ich-will-nicht«-Sätze) und führt uns zum grundlegenden Vertrauen in die Sinnhaftigkeit eines jeden Augenblicks.

Abgesehen von dem Glück, das wir mithilfe von Dankbarkeit von Moment zu Moment viel unmittelbarer erleben können, ist dies auch eine kraftvolle Methode, die dabei helfen kann, emotionale Wunden zu heilen.

Wie stark und heilend die positiven Auswirkungen von Dankbarkeit sein können, habe ich bei Anna, eine meiner Klientinnen, gelernt.

Beispiel

Anna wird beim Thema Dankbarkeit erst einmal wütend, was in ihrem Fall auch sehr verständlich ist. Sie erzählt, von ihrem 7. (!) Lebensjahr an bis zum Auszug aus ihrem Elternhaus mit 16 Jahren von ihrem Vater über all die Jahre sexuell missbraucht worden zu sein. Ihre Mutter, eine Alkoholikerin, sei selbst mit ihrem Leben nicht klargekommen und »wollte nichts merken«. Anna wohnte in einer betreuten Wohngemeinschaft in der gleichen Stadt, als ihre Cousine ihr erzählte, dass sie von ihm ebenfalls sexuell missbraucht wurde. In diesem Augenblick kamen die ganze angestaute Wut, Abscheu, Verzweiflung und Hass an die Oberfläche, und sie zeigte ihren Vater an. Nach einer für sie langen und qualvollen Gerichtsverhandlung wurde der Vater schuldig gesprochen und musste ins Gefängnis. Ihre gesamte Familie wandte sich von ihr nun abrupt ab, immerhin habe sie ja Schande über alle gebracht.

Anna zog in eine andere Stadt um, was ihr sehr schwerfiel, da sie nun auch noch den Rest ihrer wenigen Freunde verlor. Kurze Zeit darauf lernte sie ihren jetzigen Mann kennen und wurde, in der Zwischenzeit 19 Jahre alt, schwanger. Anna heiratete, und kurz danach kam ihre kleine Tochter zur Welt. In diesem Moment erfasste sie eine große Panik, ihre nicht verarbeitete Vergangenheit mit ihrem Vater holte sie ein in der Form, dass sie fürchtete, ihrer Tochter könne später einmal das Gleiche passieren wie ihr.

Wieder drehte sie sich in einer Spirale von Wut, Hass und Verzweiflung, dass sie ihre Vergangenheit wohl nie loslassen würde und auch jetzt ihr eigenes »kleines Familienglück« in Begriff war zu zerstören.

Anna kam zu mir in Einzeltherapie, »ich muss irgendwie von meiner Vergangenheit loskommen, sonst mach ich auch jetzt alles kaputt«.

Wer würde ihren Wunsch *»ich will einen anderen Vater haben«* bzw. *»ich wollte einen anderen Vater haben«* nicht verstehen?

Aus diesem Grund ging es über viele Stunden bei Anna erst einmal darum, ihrer Geschichte mit all den Verletzungen und all der Qual genügend Raum zu geben. Heilung auf einer tieferen Ebene kann erst einsetzen, wenn der andere sich komplett verstanden und angenommen fühlt – und sich auch selbst Schritt für Schritt anzunehmen beginnt.

Dies gestaltete sich bei Anna als sehr schwierig. Es tat ihr zwar gut, jemanden zu haben, der sie in ihrem Leid versteht, sich selbst anzuerkennen war sie jedoch über lange Zeit nicht fähig.

Bei diesem ersten Schritt können verschiedene psychotherapeutische Möglichkeiten sinnvoll sein, für mich war es in der Situation mit Anna am naheliegendsten, sie zu begleiten, zu spiegeln, ihr genügend Zeit und Raum zu geben, überhaupt erst einmal bei sich selbst anzukommen. Während der Gespräche war es nun manchmal möglich, auch Schritt 2, die Erweiterung des Problems auf andere, zu integrieren.

Ihr »ich will nicht so sehr unter meinem Vater leiden« wurde immer mal wieder zu einem »anderen Mädchen bzw. Frauen möchten unter ihren Vätern nicht so leiden«.

In diesem Zusammenhang konnte sie ab und zu einmal für einen kurzen Augenblick Kontakt aufnehmen mit ihrer eigenen Tapferkeit und ihrem Mut, sich für ihre Cousine einzusetzen – obwohl sie dadurch den restlichen Kontakt zu ihrer Familie völlig verloren hatte.

Ich machte ihr den Vorschlag, immer mal wieder heilsame Wünsche für ihre Cousine – und alle anderen Mädchen in dieser Situation – zu machen, durch das Leid hindurchgehen zu können und schließlich ein glückliches Leben zu finden. Dies entspannte sie zwar ein wenig, an ihrem Hass und ihrer Verzweiflung bezüglich ihres Vaters änderte sich jedoch nichts.

Wie kann nun jemand mit einer so dramatischen Geschichte wie Anna vom nächsten Punkt profitieren?

Ist die Umdrehung von »ich will einen besseren Vater« zu »ich habe bereits einen guten Vater« nicht völlig fehl am Platz? Wie soll Anna Dankbarkeit gegenüber jemandem aufbringen, der sie über so viele Jahre missbraucht hat?

Hätte ich ihr diesen Vorschlag einfach so gemacht, wäre sie vermutlich wütend aus der Therapiestunde gelaufen – und zwar mit Recht.

So sagte ich Folgendes: »Anna, wie Sie in Ihrer eigenen Geschichte erfahren haben, gibt es Situationen und Gegebenheiten, die sehr viel Leid in uns auslösen. Wenn Sie nun Ihren Vater einmal einstufen würden auf einer Skala von 0–100 in Bezug auf Fürsorge und Väterlichkeit, so käme da wahrscheinlich nicht viel Gutes für ihn heraus.«

»Nein, natürlich nicht. Ich würde ihm keinen einzigen Punkt für irgendetwas Positives in diese Richtung geben.«

Würden Sie sagen, nennen wir es einmal, Negativität »Ihres Vaters macht 100 % aus? Oder 99 %? 98 %? ... Was meinen Sie?«

Anna überlegt. Ich helfe ihr ein bisschen weiter: »Der sexuelle Missbrauch über viele Jahre, der damit einhergehende Schmerz für Sie machen – in Ihrem Erleben – den größten Anteil Ihres Vaters aus. Darin sind wir uns glaube ich einig. Wenn Sie es nun genau einschätzen sollten, was meinen Sie? Gab es in all diesen Jahren irgendwelche Augenblicke oder Momente, in denen Sie einen Hauch von Fürsorge und Väterlichkeit von ihm bekommen haben? Gab es Situationen, in denen Ihr Vater sich vielleicht so verhalten hat, wie Sie es sich wünschten – oder eher nicht?«

Anna überlegt weiter, und ich sehe, wie sie mit sich innerlich ringt. Ihr Konzept »mein Vater ist abgrundtief schlecht« bekommt einen ersten kleinen Riss. Ein kleiner Riss, der für sie selbst zur Heilung werden kann.

»Mein Vater war wirklich sehr schlecht, ich weiß nicht, ob man noch mehr als ich unter einem Vater leiden kann.« Sie sieht mich an, und ich spüre, dass sie dafür bestätigt werden möchte. Als ich nicke, fährt sie fort: »... aber jetzt, wie Sie es sagen, es gab ab und zu mal eine Situation..., als er mir bei den Schularbeiten geholfen hat zum Beispiel. Ich war in Mathe und in Erdkunde ziemlich schlecht, er liebte diese Fächer.« Anna beginnt zu weinen. »Einmal hat er mich so angesehen nach dem Mittagessen – irgendwie anders als sonst.« Anna weint nun heftiger, es fällt ihr schwer, das Wort, das sie schon in sich fühlt, auch auszusprechen. »Er schaute mich freundlich an, und irgendwie ... voll Anteilnahme. Ich habe mal wieder eine schlechte Note in Mathe geschrieben, und am nächsten Tag war unsere letzte Erdkundeklausur in diesem Jahr. Mein Vater schaute mich also mit diesem Blick an, stand auf und ging zum Bücherregal. Er holte den Erdkundeatlas und ein anderes Buch und brachte es mir. ›Da kannst du mal reinschauen‹, sagte er. Dann kam meine Mutter in den Raum, und einer der üblichen Streitgespräche zwischen den beiden begann. Ich nahm die beiden Bücher und ging in mein Zimmer.«

Anna entspannt sich allmählich. In dieser kleinen Lücke von ein paar Augenblicken erlebte sie ihren Vater so, wie sie ihn sich eigentlich gewünscht hätte.

»Ich will einen besseren Vater« wird zu »ich habe bereits einen guten Vater – jedenfalls für ein paar Augenblicke lang«.

»Anna, möchten Sie, dass wir in diese Richtung ein bisschen weiter suchen?«, frage ich sie. Sie ist einverstanden.

»Wie viel Prozent guter Väterlichkeit haben Sie von ihm bekommen, Anna?«

Sie überlegt sehr lange und ernsthaft und antwortet dann: »Zwei Prozent.«

»Gut, 98 % Leid und Qual, 2 % waren in Ordnung. In dem leidvollen Kontakt mit Ihrem Vater gab es ab und zu einmal Situationen, in denen er fürsorglich und väterlich zu Ihnen war.«

Anna nickt.

»Wissen Sie, was das bedeutet?«

»Ja, ich glaube schon, ich ahne es zumindest ...«

In den nächsten Stunden bemerkt Anna, dass, wann immer sie ihren Vater ohne seine sexuelle Verwirrung und Gewalt wahrnimmt, in ihr selbst mehr und mehr Selbstakzeptanz wachsen kann.

»Ganz so schlecht kann ich ja selbst nicht sein, da er mich ja *auch* gut behandelt hat.«

Über den Weg der Dankbarkeit gelangte Anna zu mehr Selbstakzeptanz.

Während der nächsten Stunden schrieb sie sich Wünsche auf, mit denen sie arbeitete und die sie begleiteten:

- »*Möge ich mich selbst so akzeptieren, wie ich bin.*«
- »*Möge ich mich selbst mit meiner ganzen Geschichte komplett annehmen und würdigen.*«
- »*Mögen die vielen Verletzungen in mir allmählich und sanft heilen.*« (Schritt 1)
- »*Mögen alle Verletzungen und alles Leid, das auch andere Mädchen in ähnlichen Situationen erfahren mussten, heilen.*«
- »*Mögen sich alle Mädchen und Frauen in ihrer Sexualität und Weiblichkeit annehmen, mit sich selbst gut umgehen und auch dafür sorgen, dass mit ihnen gut und liebevoll umgegangen wird.*« (Schritt 2)
- »*Möge durch die zwei Prozent Fürsorge und Väterlichkeit meines Vaters meine eigene Selbstakzeptanz wachsen.*«

Anna liebte es, immer dann, wenn sie wieder verzweifelt und unglücklich war, sich ihre neue »Wunschliste« einfach durchzulesen und die »guten Gefühle, die es ihr macht«, zu genießen.

Wünsche zum 4. Punkt machten ihr am meisten Freude:

»Möge ich Fürsorge und Mütterlichkeit meiner kleinen Tochter weitergeben können.«

Übrigens erlebte Anna im Laufe der Gespräche ihrer eigenen Mutter gegenüber Dankbarkeit zu 30 Prozent, wie sie es einschätzte, worauf sie in ihrem eigenen Selbstwertgefühl gut aufbauen konnte.

»Möge ich auch weiterhin – wie bei meiner Cousine – mutig und tapfer durch die Erfahrungen meines eigenen Leids anderen helfen können.«
»Möge ich mich dafür selbst würdigen.«

Erst gegen Ende der Therapie war es möglich, sich mit Anna dem schwierigen Thema des Verzeihens zu nähern. Wie bei den meisten sexuell missbrauchten Mädchen und Frauen schlummerten auch bei ihr unter der Wut auf ihren Vater ein tiefer Selbstzweifel und die Frage, ob sie nicht schuld an allem sei. Da Anna aufgrund einer beruflichen Veränderung ihres Ehemannes in eine weiter entfernt liegende Stadt zog und uns nur noch wenig Zeit blieb, die Therapie abzuschließen, bastelten wir gemeinsam noch ein bisschen an ihrer Wunschliste weiter:

»Möge ich meine Selbstzweifel mehr und mehr durchschauen, was ich mir auch – bewusst oder unbewusst – vorwerfe.«
»Mögen der Respekt und die Liebe mir gegenüber immer mehr wachsen und ich aus diesem Grund auch dann andere Menschen immer mehr respektieren und lieben können.«
»Möge ich dankbar sein für alles, was ich vom Leben geschenkt bekommen habe, und dies als Zeichen dafür sehen, geliebt zu werden.«
»Mögen meine Wunden heilen und mögen die Wunden aller Menschen heilen.«

Schließlich schrieb Anna noch einen kleinen Satz auf, den sie mir erst ein paar Wochen später in einem Brief mitteilte:

»... *und mögen auch die Wunden meines Vaters heilen.*«
»... *und mögen auch die Wunden meiner Mutter heilen.*«

Anna ist immer noch häufig traurig und verzweifelt, wie sie mir schrieb, jedoch »scheint so etwas wie ein kleines, gesundes Pflänzchen in mir zu wachsen, auf das ich noch sehr aufpassen muss«.

Sie erlaubte mir, auch ihren letzten Satz von diesem Brief in diesem Buch mit veröffentlichen zu dürfen:

»Und wissen Sie, ... der größte Widerstand in der Therapie bei Ihnen bezog sich auf die Tatsache, dass ich meinem Vater für irgendetwas dankbar sein solle. Im Nachhinein sehe ich jedoch, dass genau an diesem Punkt ganz tief in mir eine Heilung beginnen konnte. Ich kann es mir selbst nicht genau erklären, aber irgendwie schien es so gewesen zu sein, dass mit der kompletten Ablehnung meines Vaters ich auch mich selbst komplett abgewertet habe. Selbst in so einem ›fürchterlichen Menschen‹ etwas Gutes zu sehen, bedeutet für mich, dass in jedem Menschen etwas Gutes sein muss. Und das gibt mir die Hoffnung, und vielleicht irgendwann einmal auch das Vertrauen, dass das Leben vielleicht sogar wirklich so ist, dass es lebenswert ist.«

Fragen und Antworten zu »Dankbarkeit«

Frage: Wenn ich sehr glücklich bin, beispielsweise frisch verliebt, dann vergesse ich es komplett, dankbar zu sein. Ich finde das auch nicht gut, habe aber keine Lösung dafür.

Antwort: Manchmal werden wir auch von sogenannten positiven Gefühlen fortgetragen. Es ist wunderbar, verliebt zu sein, den ersehnten Job bekommen zu haben, ganz allgemein Glück zu erleben. Problematisch wird es immer dann, wenn wir uns in der Suche nach dem Genuss verlieren, uns verwickeln lassen oder ihn festzuhalten versuchen. Diese enge Haltung macht uns meistens nicht so glücklich, wie wir es gerne hätten. Wir merken es dann daran, dass wir angespannt oder auch aufgeregt sind. Das Glück des Augenblicks wirklich zu genießen, ohne daran festzuhalten, macht es uns dann leicht, es auch natürlicherweise weiterschenken zu können – zumindest in Gedanken.

Wenn wir einen schönen Augenblick genießen und in dem Moment wünschen, dass auch andere Menschen so viel Schönes erleben mögen, dann vervielfältigt sich unser Glück ganz natürlich, wenn wir es nicht festhalten und es für uns allein besitzen wollen.

Frage: Ist es nicht irgendwie künstlich, für alles dankbar sein zu müssen?

Antwort: Ist es nicht eigenartig, wie natürlich es uns vorkommt, nicht dankbar zu sein?

Es geht hier nicht darum, etwas tun zu müssen, sondern um eine schlichte Beobachtung und Wertschätzung der Realität, wie sie gerade ist. Erleben wir die Welt um uns herum als bedeutsam und sinnvoll, dann ergibt sich Dankbarkeit ganz natürlich. Haben wir erst einmal entdeckt, wie freudvoll es ist, Dankbarkeit zu empfinden, dann wird sie weiter wachsen.

Frage: Ehrlich gesagt fällt mir eher ein, wofür ich nicht dankbar bin, als wofür ich dankbar sein könnte.

Antwort: Diese Erkenntnis ist an sich schon wertvoll. Es geht darum, eine Achtsamkeit bezüglich unserer Gedanken und Gefühle zu entwickeln. Wenn Sie z. B. beim Einkaufen sind und Sie bemerken, wie selbstverständlich es für Sie bereits geworden ist, das gewünschte Objekt aus dem Regal zu nehmen, dann ist der Schritt nicht mehr weit, dies das nächste Mal vielleicht bewusster zu würdigen.

Der vierte Schlüssel zum Glück: Mitfreude

»Ich will ... und freue mich darüber, wenn andere es bekommen.«

> *»Die Welt ist wie ein reich geschmückter Saal.*
> *Alles ist zur Feier bereit, jeder Reichtum an möglichen*
> *Erfahrungen liegt im Raum; doch erst wenn jemand*
> *zu tanzen beginnt, fängt das Fest an.«*
>
> Lama Ole Nydahl

Mitfreude ist eine Qualität, die wir normalerweise im menschlichen Miteinander nicht so häufig vorfinden. Wir mögen es vielleicht manchmal ein bisschen spüren oder spüren wollen oder Lippenbekenntnisse abgeben:

»Wie schön, dass du in den Urlaub fahren kannst«,
»Wie schön, dass dein Kind so unproblematisch ist«,
»Wie schön, dass du den ersehnten Job bekommen hast«
usw.

Mitfreude versus Neid

Allein das Wort »Mitfreude« ist in unserem Sprachgebrauch gar nicht so geläufig. Wir sind so sehr daran gewöhnt, unser eigenes Terrain zu schützen, dass es uns zunächst ganz unnatürlich erscheinen mag, unseren Blick nicht nur offen und liebevoll nach außen zu wenden, sondern sogar noch Freude darüber zu entwickeln, wenn der oder die andere ein Glück erlebt, das wir eigentlich selbst – von unserer Egologik aus gesehen – erleben möchten.

Ohne die Grundlage einer profunden Selbstakzeptanz (»Ich erkenne mich selbst komplett mit all meinen Wünschen und Bedürfnissen an.« Daran ist überhaupt nichts verkehrt oder »unspirituell«) ist es nicht möglich, die Tiefe und Schönheit dieser Qualität zu empfinden und zu realisieren.

Stellen Sie sich doch einmal vor, wie viel Glück, Freude, Reichtum und Erfüllung es im Moment auf der Welt schon gibt. Mal angenommen, Sie sehen das alles nicht von einem begrenzten Egostandpunkt aus (»Die da draußen haben es, ich hier drinnen habe es nicht«), sondern erfreuen sich einfach am So-Sein der Erscheinungen?

Verdeutlichen wir dies an einem kleinen Beispiel:

Stellen Sie sich vor, Sie haben gerade keinen Partner und gehen an einem lauen Sommerabend – allein – durch einen schönen Park spazieren. Es begegnen Ihnen mehrere Liebespaare, die sich umarmen, miteinander lachen, vertraut miteinander sind und einfach glücklich aussehen.

Die für uns gewohnte Reaktionsweise, jedenfalls dann, wenn wir uns selbst einsam fühlen, besteht darin, uns vom Glück der anderen abzugrenzen, unsere Einsamkeit noch deutlicher als vorher zu spüren und »im Unglück zu versinken«. Typische Reaktionsweisen könnten nun sein: Dieses Glück ist bestimmt nicht dauerhaft, wer weiß, ob sie sich nicht heute Abend wieder streiten, ... Warum bekommen denn immer die anderen, was sie wollen, und ich nicht? ... Was stimmt an mir denn nicht? ... Ich bin wütend über die anderen, weil sie etwas bekommen, was ich nicht habe ... Ich werte mich ab ... Ich werte die anderen ab ... Die Welt ist ein unangenehmer Ort, in dem mir nur Leid gespiegelt wird.

Was ist *in Wirklichkeit* geschehen? Wir haben an einem schönen Abend glückliche Menschen gesehen. Das war alles. Die Geschichte, die wir darauf projizieren, macht uns unglücklich, nicht die Situation an sich.

»Ich will ... genau das Glück erfahren, das die anderen gerade erleben.«

Dieser Gedanke macht uns unglücklich, nicht die verliebten Paare um uns herum. Die Wertung in unserem Geist, »zu zweit in einem Park herumzulaufen ist freudvoller als allein im Park herumzulaufen«, ist die Ursache für den Schmerz, den wir vielleicht empfinden.

Um die Qualität der Mitfreude annehmen und genießen zu können, ist Selbstakzeptanz unbedingte Voraussetzung dafür. Solange wir uns noch in irgendeiner Weise selbst abwerten, uns kleiner, schwächer, unglücklicher, weniger erfolgreich, weniger wertvoll usw. als andere fühlen, ist Mitfreude einfach nicht möglich bzw. ein spiritueller Kraftakt, der uns nicht mit der Fülle des Glücks in Kontakt bringt, das in der Mitfreude enthalten ist.

»Ich will ... und freue mich darüber, wenn andere es haben«

ist eine der kraftvollsten Methoden, unser kleines, miefiges und kaltes Ego-Gefängnis zu verlassen. Wer den Weg der Mitfreude wählt, bekommt nicht nur »Haft erleichternde Maßnahmen« in diesem Leben geschenkt, sondern mit ziemlicher Sicherheit eine frühzeitige Entlassung in die Freiheit.

Mitfreude überträgt sich auf uns selbst

Wie kommen wir in Kontakt mit dieser Qualität? Wir können sie uns nicht einfach einreden, das wäre so ähnlich, als täten wir vor unserem ersten Bungee-Sprung so, als ob wir uns ganz locker und vertrauensvoll fühlten – unsere weichen Knie, das »Ganzkörperschlottern« und unser ängstliches Wieder-zurückweichen-Wollen gehören jedoch ebenfalls dazu.

Sich der Mitfreude komplett zu öffnen ist wie ein Sprung in den Raum. Wer weiß, was passieren wird, wenn wir uns auf diese Weise den anderen öffnen, ihnen nicht nur unser Herz schenken, sondern uns auch noch darüber freuen, was wir gern hätten, nur die anderen aber haben. Mitfreude zu entwickeln bedeutet, die Grenzziehung zwischen uns und den anderen wirklich zu überspringen. Und ähnlich wie bei einem Bungee-Sprung sitzt auch hier die Angst tief: Ist es nicht unvernünftig, unser gewohntes Terrain auf diese Art und Weise zu verlassen? Wo werden wir landen? Werden wir bei dem Sprung sterben? Und ein bisschen sterben wir ja auch ... zumindest unsere altgewohnten Egotendenzen des »Ich will es für mich haben« werden den Sprung in die Mitfreude nicht überleben. So viel steht fest.

Und was gewinnen wir?

Ein Experiment

Wir wollen immer noch einen Handel abschließen. Das ist verständlich, jedenfalls von unserer Egologik aus gesehen.

Sehen wir uns noch einmal – aus dem Blickwinkel unseres Egos – unser kleines Beispiel an. Wenn wir durch den Park gehen und eifersüchtig, neidisch oder einfach unglücklich auf die anderen Liebespaare schauen, so können wir zunächst einmal einfach unsere Achtsamkeit darauf richten, dass ein Bewusstseinszustand der Nicht-Mitfreude sich schlecht anfühlt. Nicht die Liebespaare da draußen verursachen unser Unglück, sondern wir kreieren durch unsere Abgrenzung selbst unser Leid. Das übliche Missverständnis besteht nun darin, dass wir denken, genau das auch haben zu wollen, was wir da draußen gerade sehen, um glücklich zu sein. Halten wir einen Augenblick inne und beobachten unsere Gedanken und Gefühle, so werden wir bemerken, dass es nicht die Liebespaare da draußen sind, die uns unglücklich machen, sondern unsere Gefühle des Neids und der Eifersucht.

Dies erkennen wir zunächst an und umarmen alle Neid- und Eifersuchtstendenzen in uns so liebevoll und so gut wir nur können. Wenn sich diese innere Aufruhr dadurch ein bisschen gelegt hat, können wir mit einem kleinen weiteren Schritt experimentieren:

»*Möge ich Schritt für Schritt Mitfreude mit anderen empfinden können.*«

Wenn das noch zu schwer ist, fangen wir vielleicht noch an einem früheren Punkt an:

»*Möge ich mich irgendwann einmal selbst so stabil, ausgeglichen und glücklich fühlen, dass ich auf ganz natürliche Weise, Schritt für Schritt, Mitfreude mit anderen empfinden kann.*«

Suchen Sie sich bitte einen Anfangssatz aus, der sich gut für Sie anfühlt, überfordern Sie sich nicht und gehen Sie freundlich und sanft mit sich um. Weitere Vorschläge zum Entwickeln von Mitfreude wären z. B.:

»*Möge Mitfreude mein Herz öffnen.*«
»*Möge ich Mitfreude als natürlichen Bestandteil meines Wesens entdecken.*«
»*Möge ich durch Mitfreude eigenes Glück erfahren.*«
»*Möge ich mich selbst so sehr akzeptieren, dass Neid und Eifersucht keinen Raum mehr in mir haben.*«

»Mögen alle anderen das Glück haben, das ich mir selber wünsche.«

Sehen wir uns hierzu ein Beispiel an:

Beispiel

Sandra, eine 34-jährige alleinerziehende Mutter, besucht nicht gern die Elternabende der Klasse ihrer Tochter. »Ich fühle mich dann immer so wie aussätzig oder zumindest irgendwie unvollkommen. Vor allem bei den Eltern der besten Freundin meiner Tochter habe ich sofort ein Gefühl des Mangels. Diese Familie repräsentiert für mich wie keine andere eine heile, schöne Familienwelt, und wenn ich in die fröhlichen Gesichter der Eltern blicke, so trifft mich das wie ein Schwert im Herzen. Ich finde diese Eltern wirklich sehr nett und würde so gerne eine positive Einstellung ihnen gegenüber entwickeln – vielleicht sogar etwas wie Mitfreude –, aber ich kann mich leider innerlich nur abwenden und werde verzagt und traurig.«

Bevor Sandra die Qualität von Mitfreude in sich selbst entdecken kann, ist es erst einmal wichtig, *mit sich selbst* Mitfreude zu entwickeln.

Da Sandra bei sich selbst noch nicht wahrnehmen kann, welche »heile Kleinfamilie« sie gemeinsam mit ihrer Tochter bereits bildet, schlage ich ihr vor, sich zunächst eine Weile jeden Tag einmal der Frage zuzuwenden, wie sie erst einmal »Mitfreude mich sich selbst« entwickeln kann. Ihr Arbeitsblatt sah dann etwa so aus: »Ich freue mich darüber, dass ich mit meiner Tochter zusammen eine gemütliche Wohnung habe.

Ich freue mich darüber, dass sie ein Vertrauensverhältnis zu mir hat und mir ab und zu etwas von sich erzählt.

Ich freue mich darüber, dass ich genügend Geld verdiene, damit wir beide ein sorgenfreies Leben führen und einmal im Monat gemeinsam einen Bummeltag verbringen können« usw.

Diese Vorbereitung zur Mitfreude mit anderen hat Selbstakzeptanz und Dankbarkeit zur Voraussetzung und baut darauf auf.

Die Formulierung »ich freue mich« kann nun Schritt für Schritt in das vermeintliche Außen verlagert werden, das heißt,

Sandra beginnt Mitfreude mit anderen zu entwickeln, die das Gleiche (noch nicht mehr als das!) wie sie haben.

Mit der Zeit freundete sich Sandra immer mehr mit ihrer eigenen Situation an und entwickelte eine Wertschätzung dem gegenüber, was sie hatte, und auch dem gegenüber, was sie z. B. ihrer Tochter geben konnte.

»Ich will ... und freue mich darüber, wenn andere es haben.«

Dieser Schlüsselpunkt der Mitfreude ist immer noch eine Herausforderung für Sandra. Immer dann, wenn sie ganz in ihrer eigenen Mitte ist und die Schlüsselpunkte 1–3 praktiziert, öffnet sich auch immer mal wieder der Raum dafür, sich mit dem zu freuen, was andere haben. Zumindest sucht sie nicht mehr – wie noch vor wenigen Monaten – Fehler im System der anderen, um sich selbst besser zu fühlen. Dies allein ist schon ein großartiger Schritt und öffnet den Weg für wirklichen Frieden.

Einen wunderbaren Bericht zur Entwicklung von Mitfreude schickte mir die 26-jährige Rita, eine der jüngsten Teilnehmerinnen meines ersten Kurses.

»Nach dem Seminar ›Wünsche loslassen – das Leben gewinnen‹ ging es mir wirklich viel besser als vorher. Ich achtete darauf, mich selbst nicht mehr so abzuwerten wie vorher, begann zu meditieren und vor allem die Vorschläge, das weiterzuschenken, was man hat, also Großzügigkeit, zu entwickeln, fiel mir gleich ziemlich leicht und machte mir auch wirklich Freude.

Das Thema mit der Mitfreude bereitete mir echte Schwierigkeiten, und ich schaute mir die ersten Wochen nach dem Seminar die Aufzeichnungen darüber gar nicht an. Dann hatte ich ein Erlebnis, das mir zeigte, wie unglücklich ich doch immer wieder werde, wenn ich – wie wir es in dem Seminar besprochen haben – *keine* Mitfreude erlebe. Wie Sie wissen, litt ich ja in erster Linie unter meinem Übergewicht und dem Gefühl, nicht so hübsch wie andere Mädchen zu sein. Letzte Woche nun besuchte ich meinen Bruder und seine neue Freundin, die – wenigstens äußerlich gesehen – wirklich alles hat, was ich mir je gewünscht habe. Sie ist klein, zierlich, und ihr Lächeln verzaubert alle. Bei ihrem Anblick stockte mein Atem, und mein ganzer Körper verkrampfte sich. Ich bemerkte meine übliche Gedankenkette, mich selbst abzuwerten, mich minderwertig und hässlich zu fühlen – und keine der erlernten Übungen half irgendwie.

Dann erinnerte ich mich an das von mir selbst weggeschobene Kapitel der Mitfreude. Wie sollte ich das nur anstellen? Allerdings war mein Leidensdruck groß, und ich erkannte in diesem Moment schlagartig, dass genau das mein Problem war. Solange ich Neid und Eifersucht anderen schöneren Mädchen gegenüber hatte, würde ich selbst nicht glücklich.

Ich tat dann etwas sehr Ungewöhnliches, vielleicht hört es sich auch komisch an, mir hat es jedoch letztendlich sehr geholfen. Ich ging zurück in mein Zimmer, schnappte mir einen Packen von Frauenzeitschriften und sah mir eine schöne Frau nach der anderen in Ruhe an. Früher beruhigte ich mich bei deren Anblick immer damit, dass sie vielleicht nicht die inneren Werte besaßen, wie ich sie habe, dieses Mal wollte ich etwas anderes tun. Ich wünschte einfach allen Frauen in diesen Zeitschriften ganz viel Freude mit der Schönheit, die sie besitzen. Der einen wünschte ich, dass sie ihr strahlendes Lächeln auch selbst bemerkt und sich daran freut, der anderen wünschte ich, dass sie es genießen möge, einen so perfekten Körper zu haben, der Dritten wünschte ich, dass sie sich als Model auch richtig wohl fühlen möge und an ihrer Arbeit Freude hat usw.

Ich machte dies jeden Abend, wenn ich von der Arbeit nach Hause kam. Erstaunlicherweise löste sich in mir mein eigenes Minderwertigkeitsgefühl. Über die Mitfreude erkannte ich, dass es einfach natürliche Unterschiede in Körperformen und Gesichtern gibt. Immer öfter nehme ich jetzt meinen eigenen, übergewichtigen Körper als weich, kuschelig und sehr weiblich wahr, mein Gesicht eben als das einzigartige Gesicht der Frau, die ich bin. Wenn ich mich nicht genau denjenigen gegenüber geöffnet hätte, die ich bisher nur beneidete – und damit eine große Distanz aufbaute –, hätte ich mich selbst nicht gefunden.«

Mitfreude ist einer der kraftvollsten Wege zum inneren und übrigens auch äußeren Frieden. Solange wir irgendetwas im Außen – seien es andere Menschen, Arbeitsbedingungen, Lebensumstände, Nationen usw. – beneiden, ist der Schritt zum Bekämpfen sehr nah.

Wenn Sie positive Auswirkungen der Mitfreude einmal selbst ausprobieren möchten, so schlage ich Ihnen folgende Übung vor, die Sie gleich mit durchführen können oder von der Sie sich vielleicht einfach inspirieren lassen können:

Übung

Schreiben Sie bitte zunächst drei bis fünf »Ich-will«-Sätze auf, die nicht realistisch sein müssen. Öffnen Sie sich einfach Ihren tiefsten Sehnsüchten gegenüber und geben ihnen Raum. Seien Sie so »maßlos«, wie Sie nur können. Verbinden Sie Ihre »Ich-will«-Sätze mit anderen Menschen. Zum Beispiel:

»Ich will so eine steile Karriere wie Arnold Schwarzenegger machen.«

»Ich will so schön sein wie Claudia Schiffer.«

»Ich will so reich sein wie Bill Gates.«

»Ich will so mutig sein wie Nelson Mandela.«

»Ich will so beliebt sein wie Robbie Williams.«

»Ich will so sehr meinen eigenen Weg gehen wie Reinhold Messner.«

»Ich will ...« usw.

Im zweiten Schritt bitte ich Sie nun, sich auf diese von Ihnen gefundenen »beneideten Personen« einzustellen, sie sich vor Ihrem inneren Auge vorzustellen und ihnen alles Gute zu wünschen, damit sie noch glücklicher werden, als sie es ohnehin schon – eventuell – sind. Stellen Sie sich alles vor, was Sie an diesen Menschen gut und beneidenswert finden, und wünschen Sie ihnen, dass sie noch mehr davon bekommen. Freuen Sie sich mit an ihrem Glück so, als ob sie eine gute Fee, eine liebevolle Mutter, ein erfolgreicher Coach an ihrer Seite wären.

Machen Sie diese Übung, so oft Sie Lust haben – und vielleicht sogar noch ein bisschen öfter. Mit der Zeit werden Sie merken, wie Ihre Schutzmauer allmählich zu bröckeln beginnt und die innere Härte, die sich bisher – häufig unbemerkt – um Ihr Herz gelegt hat, aufzulösen beginnt. Dieser Prozess der Mitfreude und des Loslassens von eigenen Wünschen führt Sie vom leidvollen Standpunkt des Neides und der Eifersucht hin zu einem Glück, das nicht nur Sie selbst durchdringt, sondern auch in die Herzen anderer hineinstrahlt.

Vielleicht kennen Sie die entspannte Freude, mit jemandem zusammensein zu dürfen, der sich mit Ihnen freut, ohne irgendetwas für sich selbst haben zu müssen. Dieser Mensch hat schon alles, weil er sich dank seiner Mitfreude mit dem Reichtum, der Schönheit, der Sinnhaftigkeit und allem, was man sich so wünschen mag, verbunden fühlt. Ohne Trennung zwischen einem »ich bin hier und ihr seid da draußen« lauert das Glück hinter jeder Ecke.

Fragen und Antworten zu »Mitfreude«

Frage: Wenn wir uns zu sehr auf andere einstellen und uns beispielsweise mit ihnen freuen – wo bleibt dann eigentlich unser eigenes Selbstwertgefühl?

Antwort: Gegenfrage: Wie definieren Sie Selbstwertgefühl? Wir gehen immer davon aus, dass es sich dabei um etwas vom anderen Abgegrenztes handeln muss, so als ob Grenzziehungen das Wichtigste daran wären (beispielsweise je mehr ich mich behaupten kann, desto selbstbewusster bin ich).

Eine andere Sichtweise wäre, dass sich ein gesundes Selbstwertgefühl gerade dadurch auszeichnet, so in seiner Mitte zu ruhen, dass wir noch gleichzeitig natürlicherweise genügend Überschuss für andere haben. Können wir uns wirklich für andere von Herzen freuen, ist dies eher ein Zeichen für ein sehr stabiles und gesundes Selbstwertgefühl.

Frage: Ich finde, das mit der Mitfreude ist eine gute Sache. Manchmal geht es aber auch zu weit. Mein Mann hat mich vor drei Monaten wegen einer anderen Frau verlassen, und ich sehe nun wirklich nicht ein, mit dieser Frau Freude zu empfinden. Ich bin einfach nur wütend auf sie.

Antwort: Mitfreude stellt uns vor eine echte Herausforderung. Wieder einmal nehmen wir uns selbst sanft und freundlich bei der Hand und beginnen bei der ersten Qualität, der Selbstakzeptanz. Erst dann, wenn ich mich selbst, meinen Schmerz, meine Verletzung und auch meine Wut vollständig angenommen habe und mit mir in Frieden bin, kann ich einen Schritt weiter gehen, und der Schritt zur Mitfreude ist ein sehr großer Schritt. Keiner muss ihn gehen. Es ist eher eine Einladung, einmal ganz anders als gewohnt auf unsere Lebensthemen zu blicken.

Wenn Sie sich entschließen sollten, in der Situation der Trennung Mitfreude als Qualität entdecken zu wollen, dann wäre das ein wirklich sehr großer Schritt.

Theoretisch könnte das dann so aussehen – und es ist gut, dies zunächst in aller Ruhe und mit aller inneren Skepsis aus weiter Entfernung anzusehen: Sie lieben Ihren Mann, und er liebt eine andere. Die andere Frau liebt ihn. Eigentlich fließt überall Liebe. Das Problem besteht ausschließlich darin, diesen »natürlichen Liebesfluss« von einem einengenden Egostandpunkt aus zu beurteilen.

Wir verwechseln meist die freie, gebende Liebe mit der anderen einschränkenden »Ich-will-haben«-Liebe. Dies ist sehr verständlich und nachvollziehbar – gleichermaßen schmerzhaft.

Frage: Zum Thema Mitfreude ist mir aufgefallen, wie sehr ich mich im Leben von Konkurrenzgefühlen leiten lasse und von dem Impuls, mindestens genauso viel haben zu wollen wie der andere, wenn nicht noch mehr. Zufrieden bin ich dann ehrlich gesagt nur, wenn ich dem anderen eine kleine Nasenlänge voraus bin. Da scheine ich mich irgendwie sicherer zu fühlen.

Antwort: Es gibt verschiedene Muster, wie wir die Welt erleben. Wenn wir unsere »Konkurrenzbrille« tragen, dann wird es mit

Sicherheit anstrengend für uns. Wir müssen immer irgendwo kämpfen, um zu überleben.

Solange wir noch denken, das eine oder andere zum Glücklichsein zu brauchen (Erfolg, Ansehen, Geld usw.), ist es ganz natürlich, dass wir immer in Sorge sind, der andere würde uns davon etwas wegnehmen. Der Wunsch nach Absicherung ist dann die natürliche Folge.

Sehen wir uns die Situation einmal von der anderen Seite an: Es können kein Neid und keine Eifersucht entstehen, wenn wir komplett einverstanden sind mit dem, was gerade ist. Es ist dann nicht schwer, uns mit unserem Kollegen bei seiner Beförderung mitzufreuen. Im Gegenteil: Wir sind sowieso schon glücklich, und jetzt gibt es noch jemanden, dem es gut geht. Wie schön, jetzt sind wir schon zu zweit.

Frage: Schwieriger als die Situation mit der Beförderung empfinde ich es – wie in Ihrem Beispiel –, wenn ich mich gerade einsam fühle und um mich herum überall glückliche Paare sind. Ich habe dann so viel Sehnsucht, dass ich dann an alles andere als an Mitfreude denke.

Antwort: Übernehmen Sie selbst die Verantwortung für Ihr Gefühl der Sehnsucht, oder sind Sie dauernd damit beschäftigt, die Bedingungen irgendwie so hinzubekommen, dass die Sehnsucht gestillt wird? Wenn Sehnsucht in unserem Geist aufsteigt – egal, wer oder was das Objekt unserer Begierde gerade sein mag –, ist dies erst einmal nichts anderes als ein Ausdruck eines Mangels, den Sie in sich wahrnehmen. Diesen Mangel können wir natürlich zu befriedigen versuchen, oder wir schauen ihn uns erst einmal etwas genauer an. Entdecken Sie z. B. die Basis dieses Gefühls, in der Regel wird dies ein einschränkender Glaubenssatz sein, dann können Sie in sich selbst die Balance wiederherstellen, die Sie sonst immer wieder mühsam im Außen zu befriedigen suchen.

Der fünfte Schlüssel zum Glück: Verzeihen

»Ich will … und verzeihe mir, den anderen und dem Leben, wenn ich es nicht bekomme.«

»Vergebung ist dann Vergebung, wenn man sieht, dass es nichts zu vergeben gibt.«
Byron Katie

Was heißt verzeihen? Es geht darum, in Frieden zu kommen mit mir, mit anderen Menschen, mit meinem Schicksal.

Ein tiefes Einverstandensein mit dem, was ist.

Verzeihen ist ein Tor zur Freiheit. Oder: Nicht-Verzeihen hält uns gefangen in Leid. Wann immer wir nicht verzeihen, wie sehr wir uns auch objektiv im Recht fühlen mögen, was immer wir anderen angetan haben oder andere uns angetan haben mögen – ein Leben ohne Verzeihen kann kein glückliches Leben sein. Nicht-Verzeihen, das sich über einen längeren Zeitraum hinzieht, ist wie eine Wunde, die nicht heilt, eine Entzündung im Körper, ein dauernder Schmerz. Nicht-Verzeihen-Können zeigt sich in verschiedenen Facetten, häufig in körperlichen Schmerzzuständen, die trotz aufwändiger Diagnostik und vielfältigen somatischen Therapieansätzen in ihrer Heftigkeit bestehen bleiben.

Beispiel

Paul, ein 42-jähriger Frührentner mit chronischer Polyarthritis, wünscht sich eine psychologisch orientierte Schmerztherapie, da er medizinisch keine Hilfe mehr zu erwarten habe. Seine Schmerzzustände seien teilweise unerträglich und er wisse nicht mehr, wie es weitergehen solle. Vielfältige medikamentöse Therapieansätze hätten bisher keine Linderung gebracht und er verzweifle allmählich am Leben.

In der Anamnese zeigt sich, dass Paul relativ zeitgleich seine Arbeitsstelle verlor, als seine Frau sich von ihm trennte. Hinzu kam noch, dass seine beiden Söhne sich von ihm emotional immer weiter entfernten und den neuen Partner der Mutter deutlich zu favorisieren schienen.

Dieser jahrelange Groll habe ihn völlig niedergedrückt und er habe sich selbst schon manchmal gefragt, ob seine Krankheit eventuell im Zusammenhang damit stehen könnte.

Paul profitiert von einer psychologischen Schmerztherapie, in der er lernt, sich freundlich und aufmerksam seinem Körper zuzuwenden. Zusätzlich helfen ihm innere Heilungssätze, sich tief zu entspannen und eine innere Balance zu finden, die er bisher nur selten kontaktierte.

Diese positiven Schritte halfen ihm jedoch nur zeitweise, sein allgemein schlechter Gesundheitszustand blieb bestehen.

Auch die zusätzlichen Gespräche, in denen er seine Wut und Verbitterung gegenüber seiner ehemaligen Ehefrau, seinem Chef und dem Schicksal im Allgemeinen ausdrücken konnte, entlasteten ihn zwar immer wieder, änderten jedoch letztendlich nichts an seinem Allgemeinzustand.

Vor meinem inneren Auge formte sich schon die wenig freundliche Diagnose »therapieresistenter Frührentner mit sekundärem Leidensgewinn«, und ich begann, vor der Massivität seiner Symptomatik zu resignieren.

In einer der Therapiestunden fragte ich ihn, welchen Stellenwert Verzeihen in seinem Leben hätte. Daraufhin wurde er sehr aufgebracht und wütend und versicherte mir, dass er niemals bereit wäre, in dieser Richtung überhaupt nachzudenken. Die Ungerechtigkeit, die ihm angetan wurde, würde er niemals verzeihen, weder seiner Ehefrau, seinem Chef »noch irgendeinem Gott, falls es so etwas überhaupt gibt«.

Kurz danach beendete er von sich aus die Therapie, und ich sah ihn nie wieder.

Die Kraft des Verzeihens bzw. die dramatisch negativen Auswirkungen des Nicht-Verzeihen-Könnens sind in ihrer Bedeutung für unser Leben nicht zu überschätzen. Gleichzeitig handelt es sich um einen sehr sensiblen Bereich unseres Lebens, und – was ich damals in der Therapie nicht genügend bedacht

Verzeihen und Selbstakzeptanz

hatte – Verzeihen muss immer einhergehen mit einem tiefen Prozess der Selbstannahme und der Frage, wo wir uns selbst noch nicht verziehen haben. Solange dies nicht sorgfältig und mitfühlend verstanden wird, muss Schuld weiterhin nach außen projiziert werden und wird dort auch in seiner Verhärtung bestehen bleiben.

Wie können wir herausfinden, ob es in irgendeinem Bereich in unserem Leben vielleicht noch »Aufräumarbeiten« bezüglich des Verzeihens gibt?

Bei vielen »Ich-will«-Sätzen versteckt sich das Thema des Verzeihens bzw. des Nicht-Verzeihen-Könnens – uns selbst, anderen oder dem Leben im Allgemeinen gegenüber.

Typische Beispiele dafür sind:

»Ich will recht haben.«
»Ich will, dass der andere etwas einsieht.«
»Ich will, dass der andere sich ändert.«
»Ich will meine Vergangenheit ungeschehen machen.«
»Ich will, dass das Leben anders ist, als es ist.«
»Ich will, dass ich anders bin, als ich bin.«
usw.

Schauen wir uns nun am Beispiel von Lydia an, welche Relevanz das Thema Verzeihen haben kann.

Beispiel

Lydia war über viele Jahre eine erfolgreiche Leichtathletin, gewann Wettkämpfe auf Länderebene und auch im internationalen Vergleich. In dieser Zeit war sie bei mir, um sich vor den Wettkämpfen coachen zu lassen. D. h., sie trainierte nicht nur ihren Körper, sondern bereitete sich auch sehr erfolgreich mental auf ihre Wettkämpfe vor. Dies alles liegt nun bereits über zehn Jahre zurück. Sie beendete damals ihre Karriere mit der Heirat eines Kollegen, sie bekam eine Tochter und verlagerte ihr berufliches Engagement in Richtung Qualitätsmanagement im Hochleistungssport. Sie schrieb mir immer mal wieder eine Karte und berichtete, wie gut alles in ihrem Leben läuft.

Dann hörte ich einige Jahre nichts mehr von ihr, bis sie sich überraschend bei mir telefonisch meldete, mit gedrückter Stimme und offensichtlich verzweifelt. Sie würde gerne wieder zu Gesprächen kommen, es sei etwas Schreckliches passiert. Eine Woche später saß sie bei mir, deutlich abgemagert, mit dunklen Schatten um ihre Augen und in sich zusammengesunken. Sie erzählte mir, dass vor drei Monaten eine aggressive Form von Brustkrebs bei ihr festgestellt worden war, sie sofort operiert wurde und nun Chemotherapie bekam. All dies würde sie recht gut verkraften, jedoch säße der Schock über die Krankheit so tief, »dass ich glaube, selbst bei einem körperlich positiven Verlauf damit gar nicht fertig werden zu können«.

Wir verabredeten mehrere Gespräche, und es stellte sich dabei sehr schnell heraus, dass bei Lydia neben der Angst bezüglich ihrer Erkrankung eine ungeheure Wut auf ihren Körper vorhanden war. Dieser gestählte, durchtrainierte, »ihr immer gehorchende« Körper wird plötzlich krank!

Lydias Ausgangssatz lautet also:

»Ich will, dass mein Körper weiterhin so gut funktioniert wie bisher.«

In den ersten Stunden ließen wir uns Zeit, diesem nachvollziehbaren Wunsch genug Raum zu geben, ihn zu würdigen und all die damit verbundene Trauer und Angst einfach da sein zu lassen.

Im Laufe dieser Gespräche bemerkte Lydia, dass es neben diesem Wunsch noch einen »Gegenspieler« gibt. Die nun differenziertere Betrachtungsweise bezüglich des Schrittes 1 lautet nun also folgendermaßen:

1. *»Ich will, dass mein Körper weiterhin so gut funktioniert wie bisher.«*
2. *»Ich will, dass ich mich von dieser Krankheit nicht kleinkriegen lasse, sie nun endlich bewältige und nicht so viel rumjammere.«*

Beide Wünsche sind in ihrer Ausdrucksweise ein Zeichen dafür, wie hart und ungnädig Lydia nicht nur mit ihrem Körper *(»Ich bin sauer auf ihn, weil er krank ist«)*, sondern auch mit ihren Gefühlen *(»Ich bin wütend auf mich und dass ich diese Krankheit nicht akzeptieren kann«)* umgeht. Auch dies gilt es, nicht an sich zu kritisieren und zu verurteilen, sondern ebenso liebevoll und sorgsam anzunehmen wie die oben formulierten Wünsche.

Dieser erste Schritt zur Selbstakzeptanz bedeutet für Lydia nun, dass sie schriftlich folgende Sätze formuliert und mit nach Hause nimmt:

»Ich nehme mich selbst komplett an als jemand, der wieder gesund sein möchte.«

»Ich trete in einen sorgsamen und freundlichen Kontakt zu meinem Körper, ich frage ihn, was er sich von mir zur Heilung wünscht, und unterstütze ihn dabei.«

»Ich akzeptiere mich selbst als jemand, der ›auch mal in die Knie gehen darf‹. Ich gestehe mir zu, mir Zeit nehmen zu dürfen für das allmähliche Akzeptieren dieser neuen körperlichen Gegebenheiten. Ich darf mich einkuscheln, zurückziehen, weinen und traurig sein, sooft ich den Wunsch danach verspüre. Ich darf mir auch Hilfe holen und andere bitten, mich zu unterstützen, wann immer mir dies guttut. Auch für diesen Prozess lasse ich mir Zeit, ich beobachte einfach, welche Bedürfnisse ich gerade habe. Wenn ich diesen Bedürfnissen nachgehe, so akzeptiere ich mich dafür, wenn ich ihnen nicht nachgehe, so erkenne ich mich auch dafür an.«

»Ich erkenne mich an und akzeptiere mich selbst als jemanden, der sein ganzes Leben lang voll Durchsetzungsfähigkeit, Konsequenz und Gradlinigkeit besaß. Diese Charaktereigenschaften haben mich weit gebracht im Leben und ich würdige sie voll und ganz. Wann immer ich nun eine ›Härte‹ mir gegenüber bemerke, werde ich diesen Impuls einfach wahrnehmen und willkommen heißen – ohne irgendetwas damit zu machen.«

Zu diesem ersten Schritt der Selbstakzeptanz nimmt sich Lydia noch folgende »Wunschsätze« mit nach Hause:

»Möge ich meinem Körper wieder vertrauen lernen.«
»Möge ich meinen Körper liebevoll und sorgsam unterstützen, wieder gesund zu werden.«
»Möge ich mich selbst würdigen für meine Entschlossenheit und Tatkraft und gleichzeitig Schritt für Schritt Weichheit und Sanftmut mir gegenüber entwickeln.«
»Möge ich mit mir und meinem Körper gegenüber achtsam und liebevoll umgehen und diese Lebensphase im Moment als Lehrmeister benutzen, diese Fähigkeiten entwickeln zu können.«

Diese Wege zur Selbstakzeptanz entspannte Lydia, und so konnten wir während der nächsten Gespräche noch einige Schritte weiter gehen.

Obwohl wir bei allen sechs weiteren Schritten unseres Programms »Beziehungsgeschenke« für Lydia fanden, fühlte sie sich vor allem angesprochen von dem Begriff des Verzeihens. Sie spürte, dass sie genau an dieser Stelle ihr größtes Defizit zu haben schien. (»Ich treibe mich an, ich bin wütend auf mich, ich fordere von mir – »Verzeihen« hat da keinen Platz.)

Was nun genau bedeutet verzeihen für Lydia? Mit diesem Begriff konnte sie zunächst überhaupt nichts anfangen, es schien so, als ob sie ihn einfach bisher ausgeklammert hätte aus ihrem Leben.

Aus diesem Grund bat ich sie, sich schriftlich folgende Fragen zu stellen:

1. Was habe ich mir selbst noch nicht verziehen in meinem Leben?
2. Was habe ich anderen noch nicht verziehen?
3. Was habe ich dem Leben (dem Schicksal, »dem lieben Gott« usw.) noch nicht verziehen?

Diese Fragen sollte sie beantworten und auf einer Skala von 1 bis 10 selbst einschätzen (1 bedeutet, dass es sich nur um eine

Kleinigkeit handelt, 5 würde sie als mittelmäßig einschätzen, 10 wäre »ein Vergehen«, das sie als sehr schwerwiegend ansehen würde).

Lydia fühlte sich mit dieser Aufgabe zunächst völlig überfordert (»über so etwas habe ich mir noch nie Gedanken gemacht«), und so beschäftigten wir uns mit den von mir vorgeschlagenen Fragen gemeinsam.

Es stellte sich dabei heraus, dass Lydia sich selbst viele Gegebenheiten in ihrem Leben noch nicht verziehen hatte und – als sie einmal damit anfing, sich damit zu beschäftigen – es ihr so vorkam, als ob sie einen noch nie betretenen Raum in ihrem Inneren geöffnet hätte. Es fielen ihr kleine Begebenheiten aus ihrer Kindheit, ihrer Jugend, ihrem jungen Erwachsensein ebenso ein wie Situationen der letzten Jahre. Dabei fiel ihr selbst auf, dass sie sich bei offensichtlichen Kleinigkeiten (z. B.: »Ich habe vergessen, mich bei meiner Schwester rechtzeitig für ein Geburtstagsgeschenk zu bedanken«, »ich habe einen Elternabendtermin im Kindergarten vergessen«, »ich habe meinem Mann einmal nicht erzählt, wie teuer die neue Bluse wirklich war« usw.) fast ebenso streng beurteilte (Skalenstufe 6–9) wie bei dem Geschehen bezüglich ihrer Krankheit (»Ich verzeihe meinem Körper nicht, dass er krank geworden ist: Skalenstufe 10«).

Bezüglich der Frage, was Lydia anderen noch nicht verziehen hat, erging es ihr ähnlich wie bei der ersten Frage. Zunächst fiel ihr gar nichts ein, dann öffnete sich auch hier ein innerer Raum mit unzähligen Situationen und Gegebenheiten, die wie »innere Zeitbomben in mir ticken«.

Bei der dritten Frage bemerkte Lydia, dass sie einen unbändigen Groll gegen das Leben selbst in sich versteckt hielt für alles, was ihr bisher das Schicksal aufgebürdet hat (angefangen von frühen Verlusterlebnissen in ihrer Kindheit und Jugend bis hin zum drohenden Verlust ihrer körperlichen Gesundheit).

Das Thema des Verzeihens bzw. des Noch-nicht-verzeihen-Könnens bildet nun den Schwerpunkt der Therapie. Es entspannte sie zunehmend, sich für den bisher noch nicht entdeckten Groll gegen sich selbst ebenso zu öffnen wie dem ängstlich zurückgehaltenen Groll anderen gegenüber. Ihre Sorge, ihrer Wut hilflos ausgeliefert zu sein, sie ausagieren zu müssen, ohne mit den Folgen zurechtzukommen, hielt sie davon ab, diese Gefühle überhaupt wahrzunehmen.

Bezüglich ihrer Erkrankung war es wichtig, dass Lydia ihre Wut auf ihren Körper voll und ganz spüren durfte, ohne irgendetwas zu unterdrücken und ohne diese Wut in der bisher für sie so üblichen harten und unnachgiebigen Art und Weise gegen sich selbst auszuagieren.

Heilende Sätze in diesem Zusammenhang für sie lauteten bei diesem Schritt folgendermaßen:

> *»Ich akzeptiere komplett, dass ich bisher mit Wut und Groll mir selbst und anderen gegenüber noch nicht so gut umgehen konnte. Irgendwann einmal in meiner persönlichen Geschichte war es wichtig, diese Gefühle vor mir selbst und vor anderen zu verstecken, und ich umarme diesen Teil in mir, der diese Gefühle bisher unter Verschluss gehalten hat.«*
>
> *»Ich öffne mich nun Schritt für Schritt der neuen Möglichkeit, dass es – zumindest theoretisch – diese Gefühle in mir und auch in anderen Menschen gibt, und erkenne an, dass sie zutiefst menschlich sind.«*
>
> *»Ich bemerke nun, dass es wehtut und ich mir selbst körperlichen Schmerz zufüge, wenn ich mir selbst und anderen nicht verzeihe. Das heißt nicht, dass ich mir oder anderen bereits verzeihen müsste, ich bemerke einfach nur, dass es wehtut, wenn ich es nicht tue.«*
>
> *»Wenn ich dazu bereit bin, beginne ich nun Schritt für Schritt, mir selbst – und dann auch anderen – Kleinigkeiten zu verzeihen (z. B. bei kleinen Unachtsamkeiten wie Milch verschütten, mich irgendwo zu stoßen, zu spät zu kommen, in einem Gespräch nicht alles korrekt verstanden zu haben usw.).«*
>
> *»Wenn es mir einmal gut mit mir selbst geht, ich mich entspannt und wohlfühle, dann schenke ich mir und meinem*

Inneren die beiden Worte ›ich verzeihe‹. Ich sage mir diese Worte einfach, ohne irgendeinen äußeren Bezugspunkt.«

Da Lydia bereits während ihrer sportlichen Karriere Vertrauen in die Kraft innerer Dialoge gefunden hatte, fiel es ihr leicht, sich mit diesen Sätzen selbst zu beschenken.

Auf diese Weise näherte sie sich allmählich einem tieferen Verständnis dessen, was verzeihen wirklich bedeutet und welche Kraft darin auch zur Heilung steckt.

Abschließend fand sie für sich selbst folgende Wunschsätze, die sie immer noch begleiten:

»Möge ich mit mir selbst liebevoller und freundlicher umgehen.«
»Möge ich mir Schritt für Schritt eigene Fehler und Schwächen verzeihen und irgendwann einmal entdecken, dass es letztendlich gar nichts zu verzeihen gibt – ich habe in jedem Moment des Lebens das Beste getan, was ich damals tun konnte.«
»Möge ich meinem Körper verzeihen, wann immer er sich auch schwach anfühlt.«
»Möge ich meinem Körper verzeihen, weil er krank geworden ist.«
»Möge ich dem Leben verzeihen, dass ich diese Krankheit bekommen habe.«
»Möge ich dem Krebs verzeihen, dass er sich in meinem Körper niedergelassen hat, um ihn dann zu bitten, sich auch wieder zu verabschieden.«

Fragen und Antworten zu »Verzeihen«

Frage: Mein erster Partner hat mich so sehr verletzt und emotional gedemütigt – ich kann ihm einfach nicht verzeihen, und ich will es gar nicht.

Antwort: Der erste Schritt besteht darin, uns den Schmerzen und unbereinigten Situationen aus unserer Vergangenheit zuzuwenden. Dazu sind in erster Linie Verständnis und Empathie für uns selbst und unsere Gefühle wichtig. Ohne diesen ersten Schritt der Selbstakzeptanz – egal, wie lange er in Anspruch nehmen mag – ist echtes Verzeihen auch gar nicht möglich.

Dann kann man einen Schritt weiter gehen: Wem tue ich letztendlich weh, wenn ich nicht verzeihe? Dem anderen oder mir selbst? Gibt es irgendeine Stelle in mir, wo ich mir selbst noch nicht verziehen habe, welche noch nicht geheilten Wunden hat der andere mit seinem Angriff berührt? Könnte es sein, dass ich die ganze Zeit so mit meinem eigenen Schmerz, mit meiner Verletztheit beschäftigt war, dass ich den anderen völlig aus dem Auge verloren habe? Wo sitzt der Schmerz im anderen, der ihn vielleicht dazu verleitet hat, etwas sehr Unachtsames oder auch Gemeines zu tun? Kenne ich selbst bei mir Reaktionen, die dem anderen wehtun? Die einfach dadurch entstehen, dass es mir gerade schlecht geht?

Diese Fragen können helfen, uns dem Thema des Verzeihens näher zu bringen, ohne gleich verzeihen zu müssen – was dann auch nur ein reines Lippenbekenntnis wäre. Wir bestellen erst einmal das Feld um diese Qualität herum.

Vielleicht ist es für Sie im Moment stimmig, sich mit einem heilsamen Wunschsatz ganz vorsichtig auf das Thema des Verzeihens einzustimmen:

»*Möge ich mich dem Thema des Verzeihens auf sanfte Art und Weise nähern, ohne mich selbst zu überfordern.*«

Frage: »Sie sprechen immer wieder von bedingungsloser Liebe. Was aber ist, wenn der andere mich schlecht behandelt? Wenn ich ausgenutzt werde?«

Antwort: »Wenn Sie jemanden lieben, dann wünschen Sie ihm das Allerbeste, alles Glück, was es nur gibt. Nun können Sie einen Schritt weiter gehen: Ist es das Allerbeste für den anderen, Sie schlecht zu behandeln? Es schadet Ihnen und es schadet ihm. Also besteht der klügste Weg darin, aus Liebe Ihnen und dem anderen gegenüber klare Stoppzeichen zu setzen. Sie verzeihen dem anderen nicht in der Weise, dass er nicht aus seinem schlechten Verhalten etwas lernen kann, sondern Sie verzeihen ihm auf einer tieferen Ebene, indem Sie ihm nicht Ihre Liebe entziehen. Das Beziehungsangebot bestünde dann aus einem schlichten, wohlwollenden Nein. Ohne Drama – und ohne Selbstverleugnung.

Der sechste Schlüssel zum Glück: Mut

»Ich will ... und nehme die Herausforderung des Lebens komplett an.«

»Haben Sie den Mut, sich ins Leben zu stürzen,
Risiken einzugehen, Rückschläge einzustecken,
in dem Wissen, dass Sie dem Spiel der Gegensätze
ausgesetzt sein werden, also Erfolg und Scheitern,
Glück und Unglück, Lob und Tadel?«

Arnaud Desjardins

Im buddhistischen Kontext ist ein Bodhisattwa jemand, der den Weg der Liebe geht, der sich fortwährend – auch wenn es unbequem wird – darum bemüht, von seiner Egoanhaftung loszulassen und das Wohl der anderen im Auge hat. Ein Bodhisattwa-Krieger ist jemand, der nicht davor zurückschreckt, auf diesem Weg Schwierigkeiten und auch Verletzungen zu begegnen.

Wir alle haben grundsätzlich ein liebevolles Herz. Wir mögen auch guten Willens sein, dieses liebevolle Herz nach außen zu tragen. Spätestens dann jedoch, wenn es verletzt wird, verschließen wir uns verständlicherweise und bleiben in der Regel auch so lange verschlossen, solange von außen weiterhin Gefahr droht. Dies ist unser ganz normaler menschlicher Schutzschild, und es ist verständlich und nachvollziehbar, dass wir genau so funktionieren.

Ein Bodhisattwa-Krieger schreckt vor dem Schmerz nicht zurück. Er lässt sich vom Schmerz auch nicht überwältigen – er geht durch den Schmerz hindurch. Unser Herz offenzuhalten in Situationen, in denen wir uns normalerweise reflexhaft verschließen, verlangt einige Übung. Ein Bodhisattwa-Krieger nimmt diese Art von Herausforderungen als Schritte auf seinem Weg komplett an. Er übt sich darin, sein Herz in Situationen ganz weit zu öffnen, in denen wir uns normalerweise verschließen.

Das kraftvolle Wort »Krieger« an dieser Stelle dient dazu, uns aus unserem bequem anmutenden Alltagsschlaf aufzurütteln und uns kraftvoll zu zeigen, was es zu tun gibt, und auch, wozu wir fähig sind.

Ein moderner Bodhisattwa-Krieger

Sehen wir uns einmal einen ganz normalen Tag eines Bodhisattwa-Kriegers in unserer heutigen Zeit an.

Der Wecker klingelt auch bei ihm in der Regel zu einem Zeitpunkt, wenn er noch müde und unausgeschlafen ist. Er ergibt sich weder seiner Müdigkeit noch den im Halbschlaf entstehenden negativen Gedanken über diesen frühen Morgen (»ich habe keine Lust aufzustehen«, »warum ist heute Montag und nicht Wochenende?«, »der Tag wird sicherlich anstrengend und mühsam«). Seine erste bewusste Handlung besteht darin, sich von dieser Kette negativer Gedanken an diesem Morgen nicht wegziehen zu lassen, sondern ihnen furchtlos zu begegnen. Er steht auf und beginnt seine Tagesaktivitäten mit offenem Geist und offenem Herzen. Er verschließt sich weder der möglicherweise auftretenden schlechten Stimmung seines Partners oder Partnerin noch den niederschmetternden Artikeln in seiner Tageszeitung bezüglich gewalttätiger Auseinandersetzungen irgendwo auf der Welt. Er verschließt sich nicht, indem er gleichgültig weiterblättert, noch zeigt er seinen Widerstand gegen Brutalität in der Welt, indem er sich auf die eine oder andere Seite schlägt und zu schimpfen beginnt, so, als ob er damit das Leid der anderen beenden könnte. Er bleibt offen und verletzbar für das, was er liest, und schreckt nicht davor zurück. Ohne eine Mauer des Widerstands errichten zu müssen, öffnet er sich den Menschen gegenüber, von denen er gerade liest, und spürt dabei eine tiefe Verbindung zu ihnen.

Auf dem Weg zu seiner Arbeit sieht er achtlos weggeworfenen Müll auf den Straßen, er wirft ihn in den nächsten Abfallbehälter, ohne lange darüber nachzudenken. In der Straßenbahn rempeln ihn andere missmutige, vielleicht noch unausgeschlafene Personen an, und er bemerkt in seiner offenen Widerstandslosigkeit, dass ihn seine eigenen Gedanken bezüglich der Unachtsamkeit der anderen mehr verletzen würden als die kleinen Puffer rechts und links (»können die Leute nicht mehr aufpassen?«, »ich hasse es, morgens in einer überfüllten Straßenbahn fahren zu müssen«, »warum habe ich nicht genug Geld, mir ein Auto zu leisten?« usw.).

In seinem Büro wartet auf seinem Schreibtisch ein ganzer Stapel unerledigter Akten, die er an diesem Tag abzuarbeiten hat. Als Bodhisattwa-Krieger geht er auch hier nicht in den Widerstand mit der Realität, sondern öffnet sich seinen Aufgaben gegenüber, ist präsent von Moment zu Moment und erledigt das, was er zu erledigen hat, mit sanfter Beharrlichkeit.

Am Nachmittag wird er zu seinem Chef gerufen und offensichtlich in ungerechter Art und Weise wegen irgendwelcher Nichtigkeiten angeschrien. Wieder hat unser Bodhisattwa-Krieger eine wunderbare Möglichkeit, auf seinem Weg zu lernen. Zunächst bemerkt er, wie sein Herz sich reflexhaft verschließt, sich sein Körper anspannt und sich seine Fäuste wie zum Gegenschlag zusammenballen wollen. Er öffnet sich diesen körperlichen Reaktionen gegenüber und traut sich, die Energie der Wut voll und ganz zu spüren – ohne sie gleich ausagieren zu müssen. Stattdessen lässt er sein Herz noch weiter und noch offener werden, und er ist nun fähig, die Wut und Unbeherrschtheit des anderen ebenso vorurteilsfrei zu spüren wie seine eigene. Auf dieser Woge der Energie ist er fähig, sich ebenso geschmeidig und präzise zu bewegen wie ein erfahrener Surfer auf hohen Wellen.

Nach ein paar tiefen Atemzügen, bei denen er vollkommen wach, präsent und offen ist, spürt er das Abebben der Wutwelle seines Chefs, zieht das Schwert der Klarheit und bereinigt die Situation angstfrei. Eventuell auftretenden neuen Wutwellen seines Chefs gegenüber ist er ebenso offen wie einem eventuellen Abebben der feurigen Energien. Er steht da, mit offenem, liebevollem und mutigem Herz, und ist bereit, sich der Realität komplett so zu stellen, wie immer sie sich gerade zeigen mag.

Nach dieser wie auch immer ausgehenden Situation mit seinem Chef kehrt er zurück zu seinen Akten, ohne sich in Selbstanklage, Selbstmitleid oder Wut dem anderen gegenüber weiter zu verlieren. Ein Bodhisattwa-Krieger ist präsent in dem, was er tut – die Auseinandersetzung mit seinem Chef hat keine Bedeutung mehr, sie ist bereits Vergangenheit, und die zu erledigenden Schriftstücke auf seinem Schreibtisch sind das, dem er seine ganze Konzentration und Aufmerksamkeit schenkt. Er dient dem Augenblick und ist weder Sklave der Vergangenheit noch der Zukunft.

Auf dem Nachhauseweg ist er erfüllt von der Sinnhaftigkeit des Tages, spürt die kühle Frische des Regens auf seinem Gesicht und atmet die Köstlichkeit des Lebens.

Hingabe an das Leben

Ein Bodhisattwa-Krieger nimmt die Widrigkeiten des Lebens komplett an und verschließt sich nicht davor. Er lässt sich in jedem Moment auf das Abenteuer des Lebens ein. Er ist ebenso bereit, wild und gefährlich zu leben, als sich auf die Stille des Augenblicks einzulassen. Er hat ebenso wenig Angst vor Langeweile und Eintönigkeit wie vor chaotischem und unvorhersehbarem Geschehen. Seine Hingabe an das Leben, so wie es gerade ist, füllt ihn komplett aus. Jeden Widerstand gegen das, was gerade ist, löst er in sich selbst. Eigene Wünsche und Vorstellungen über das Leben erlebt er wie ein Hintergrundgeräusch, das die Frische des Moments nicht zu stören vermag. Durch seine Offenheit ist er in natürlichem Kontakt zu der ihn umgebenen Welt – möge sie nun gerade angenehm oder unangenehm erscheinen. Sein Mut, transparent und offen zu sein, ist unerschütterlich. Seinen Mitmenschen dient er als Fels in stürmischer Brandung. Er erwartet jedoch nicht, anderen hilfreich sein zu können, er ist es einfach. Wenn es noch irgendwelche Situationen, Lebensumstände oder Schicksalsschläge gibt, vor denen er vielleicht Angst hat, so ist er bereit, sich auf eine noch tiefere Ebene darauf einzulassen und sich zu öffnen. Er erkennt die vermeintlich äußeren Probleme als noch nicht gelöste Zustände seines eigenen Geistes und ist bereit, sich ihnen tapfer zu stellen. Angstfreiheit ist für ihn gleichbedeutend mit komplettem Loslassen aller Vorstellungen, wie das Leben zu sein hat. In diesem Loslassen von Hoffnungen und Befürchtungen entdeckt er immer wieder den Frieden und das Glück des Seins – von Moment zu Moment. Seine vielleicht immer wieder auftretende Furcht vor einem vermeintlichen feindlichen Außen (z.B. in Form eines wütenden und ungerechten Chefs) erkennt er immer mehr als Projektion seines eigenen geistigen Zustands.

Stellt er sich dieser Furcht und vertreibt die »illusionären Geister, die er selbst gerufen hat«, entdeckt er hinter dieser Furcht tiefe Liebe und Mitgefühl für die nun nicht mehr als bedrohlich empfundenen »Quälgeister«.

Irgendwann einmal sieht er alles Äußere als sein wahres Selbst und entspannt sich in die natürliche Dynamik des Geschehens.

Fragen und Antworten zu »Mut«

Frage: Wenn mir etwas wirklich Schlimmes passiert, wie beispielsweise ein Unfall oder eine unheilbare Krankheit, wie soll ich dem dann mutig standhalten? Es ist doch natürlich, so etwas nicht haben zu wollen.

Antwort: Wir wünschen uns gegenseitig immer nur das Beste. Da stimme ich mit Ihnen überein. Ich wünsche Ihnen weder eine Krankheit noch einen Unfall. Nur – manchmal geschehen diese Dinge. Wir müssen sie weder herbeireden noch zu vermeiden versuchen – sie geschehen einfach.

Befinden wir uns immer auf der Seite der Hoffung, verlängern wir letztendlich unser Leiden. Wir wollen die einen Sachen erleben, die anderen lieber nicht. Dies ist an sich menschlich, aber hoffnungslos.

Eine offenere, mutigere und letztendlich realistischere Einstellung Geschehnissen gegenüber besteht nun darin, vernünftige Vorkehrungen zu treffen, wie beispielsweise sich gesund zu ernähren oder in einer Rechtskurve nicht zu überholen, letztendlich jedoch den Mut aufzubringen, allem zu begegnen, was sich auch einstellen mag. Es ist nichts dagegen zu sagen, lieber einen gesunden als einen kranken Körper haben zu wollen. Nur – können wir sicher sein, dass wirklich darin unser letztendliches Glück liegt?

Denken Sie an das Beispiel von dem englischen Nobelpreisträger und Physiker Steven Hawkings, der trotz seiner schweren Nervenlähmung einem Journalisten einmal auf die Frage nach seiner Lebenszufriedenheit antwortete: Es hätte nicht besser sein können!

Dies ist ein Bespiel für eine wirklich mutige Lebensweise.

Frage: Mut zu entwickeln ist das Allerschwierigste für mich, vor allem in Situationen, in denen mich jemand angreift. Ich ziehe mich dann reflexartig in mein Schneckenhaus zurück oder starte den Gegenangriff. Wie kann anders mit Kritik umgegangen werden?

Antwort: Zunächst ist es wichtig, sich klarzumachen, dass das Erleben einer schwierigen Situation, beispielsweise eine, in der wir kritisiert werden, im eigenen Geist entsteht. Wir sind es, die eine Situation auf eine ganz bestimmte Art und Weise bewerten. Diese Bewertung hat dann zur Folge, dass wir diese Situation als angenehm oder unangenehm einstufen. Aus diesem Grund ist es erst einmal wichtig, sich selber Raum zu geben. Werden wir beispielsweise kritisiert, beobachten wir erst die in unserem Geist aufsteigenden Gedanken und Gefühle, bevor wir reagieren. Im Vergleich zu Eskalationen durch Streitereien lohnen sich diese Augenblicke der inneren

Stille. Mut bedeutet hier also einfach, der inneren und auch äußeren Situation standzuhalten, uns nicht zu verschließen und uns auch nicht in unseren Projektionen zu verlieren.

Je mehr Weite wir im eigenen Geist zulassen, desto mehr ist es auch für das Gegenüber möglich, sich zu entspannen und von seinen eigenen festen Vorstellungen eventuell etwas loszulassen.

Je mehr wir Schwierigkeiten offen begegnen, desto mehr Stärke und Kraft werden wir für die nächste Auseinandersetzung entwickeln.

Frage: Brauche ich bei Auseinandersetzungen nicht meine Wut, um mich kraftvoll und durchsetzungsfähig zu fühlen?

Antwort: Was hört sich für Sie kraftvoller an? In Auseinandersetzungen mutig und standhaft zu sein oder wütend zu reagieren?

Wir brauchen keine Wut, um uns durchzusetzen, es sei denn, wir fühlen uns als kleines, bockiges Kind. Und wer möchte das schon auf Dauer?

Wir können auch mit liebevoller und gleichzeitig präziser Umsicht die Gesamtsituation eines Streites im Auge haben und dann zum Besten aller eine Lösung suchen.

Meine buddhistische Lehrerin, Lama Walli, drückte dies einmal so aus: »Wenn wir an der Basis kein Konzept haben, wie eine Situation ausschauen solle, dann kommt auch keine Wut auf.« Man entdeckt dann eher den offenen Raum hinter den Emotionen und kann auch nur dann wirklich in Kontakt zu dem anderen treten. Dies ist dann gleichzeitig eine mutige und für uns und den anderen freudvolle Art der Begegnung.

Der siebte Schlüssel zum Glück: Loslassen

»Ich will ... und entdecke die Kunst der Widerstandslosigkeit.«

»Das Leben ist flüchtig wie dahin getupft
an den Gräsern hängender Tau,
dessen kristallene Tropfen von der ersten Morgenbrise
davongetragen werden.«

Khyentse Rinpoche

Dieses Kapitel sollte Ihr Ego lieber nicht lesen.

Es ist ja nicht dumm und würde dann erkennen, dass es seinen »Super-Ego-Status«, den es sich vielleicht nach erfolgreichem Durchlaufen der bisherigen sechs Schritte aufgebaut hat, nun wieder abgeben muss. Ich bin ein tolles Ego, spirituell, liebevoll, ich bin dankbar, kann verzeihen (und noch mehr solcher schweren Aufgaben), habe mich durch die Übungen und die Meditationsanweisungen durchgekämpft, anstatt fernzusehen und Rotwein zu trinken, alle mögen mich jetzt auch viel lieber als vorher ... Es könnte jetzt eigentlich alles so bleiben, wie es ist. Dieses Buch bis zur vorherigen Seite gelesen zu haben, hat sich wirklich gelohnt für mich, der Handel geht auf. Ich habe mehr Freude und bin erfolgreicher im Leben.

Und jetzt? Wieder alles loslassen? Wo es doch gerade so schön ist?

Und wo bleibt unser Ego?

Hinzu kommt, dass das Ego beim Thema Loslassen nichts mehr machen kann. Loslassen geschieht – ganz von allein.

Beim Entwickeln der bisherigen Qualitäten durfte unser Ego noch mithelfen. Es durfte sich dabei wichtig fühlen und ist vielleicht sogar ein bisschen stolz dabei geworden. Das alles ist jetzt vorbei. Mit einem Schlag. Im Prozess des Loslassens muss das Ego gar nicht wirklich verschwinden wie vielleicht befürchtet – es wird einfach nicht mehr beachtet. Das heißt, es darf weiter herumstehen, sich toll fühlen, stolz sein, sich dann mal wieder minderwertig fühlen, die Qualitäten, die es gerade dabei war sich anzueignen, wieder blöd finden, sie dann wieder üben usw., es darf alles so weitermachen wie bisher – nur wird es leider nicht mehr ernst genommen. Vielleicht noch ab und zu eine kleine Bemerkung in seine Richtung: »Aha, so siehst du das jetzt gerade« – und das war es dann auch schon.

Für seinen Job des »Bewertens« bekommt es keine Aufmerksamkeit mehr, und irgendwann wird es langweilig, Dramen zu produzieren, die keiner mehr haben will. Dafür darf es noch ein bisschen den Beobachterposten behalten, und das kann für eine ganze Weile sogar als Aufwertung empfunden werden, weil es ziemlich schwierig ist, wahrzunehmen, ohne einzugreifen. Dies geschieht im Prozess einer Achtsamkeitspraxis, und unser kleines Ego darf sich – ein letztes Mal vor seiner endgültigen Pensionierung – noch einmal so richtig anstrengen.

Dann wird dies allmählich abgelöst von einer natürlichen Offenheit, in der es keine Fixpunkte und keine Kontrolle mehr gibt – eine Klarheit, in der alles Komplizierte und Fabrizierte von uns natürlicherweise abfällt. In dieser Transparenz des Erlebens wird eine Fülle wahrgenommen, die durch keine Konzepte und festen Vorstellungen mehr eingeengt wird.

Ein grundsätzliches Vertrauen in den Prozess des Loslassens zu bekommen dauert in der Regel eine Weile.

Vielleicht bekommen wir auch Angst:

Wer bin *ich* dann noch – ohne meine alten Gewohnheitstendenzen, ohne Wollen und Tun und Kontrollieren und Manipulieren?

Dinge einfach erscheinen lassen – ohne einzugreifen?

Einfaches Sein, mitschwingen mit dem, was ist, keine Grenzen, die es noch zu verteidigen gäbe?

Und irgendwann entdecken wir:

Wir müssen uns nicht darum bemühen, offen zu sein – wir sind bereits Offenheit, wir müssen nichts dafür tun, liebevoll, großzügig, dankbar usw. zu sein – wir sind es bereits.

Wir sind der Prozess des Loslassens bzw. wir können immer wieder in Kontakt damit treten.

Wie ist es jetzt gerade? Und jetzt? Verschließe ich mich gerade vor der Fülle und Freude des Lebens, indem ich gerade irgendetwas bewerte? Projiziere ich Genussfähigkeit auf den Schokoladenkuchen vor mir, oder bin ich in Kontakt mit der umfassenden Freude, die sich nicht nur auf dieses gesüßte, wohlduftende und sahnedurchtränkte Objekt vor mir richtet?

Bin ich eher gerade eingeengt von einem sich sehnenden Verliebtseins und bemerke dabei gar nicht, dass ich mich genau in diesem Augenblick von der umfassenden Liebe abtrenne, die ich bereits bin?

Stellen Sie sich vor, Sie befinden sich auf einer wunderbaren Bergtour, genießen die grandiose Landschaft um sich herum und mögen plötzlich nicht mehr weitergehen, um genau diese spezielle Sicht auf das Panorama nicht zu verlieren. Stellen Sie sich vor, Sie fokussieren einen ganz bestimmten Baum vor sich, der jetzt schon neben Ihnen ist und gleich hinter Ihnen sein wird. Sie wollen ihn doch genau so im Blick haben, und zwar in der Beschaffenheit, in der Sie ihn jetzt im Moment vor sich haben: seine zarte Frühsommerfärbung, von Sonnenlicht durchtränkt, genau so und nicht anders.

Nichts anderes wollen

Jeder kennt die Erfahrung, wie gelöst wir uns fühlen, wenn wir einmal nichts anderes wollen als einfach das, was gerade da ist.

Bei einem schönen Sonnenuntergang fällt es uns leicht, wenn wir frierend und regendurchnässt zur Arbeit gehen, nicht so leicht.

Während eines romantischen Abendessens bei Kerzenlicht geben wir uns gern dem hin, was ist, wenn uns unser Partner anbrüllt und beleidigt, hätten wir es gerne wieder anders, als es ist. Wir leiden – wegen des Regens und des Angeschrien-Werdens oder wegen unseres Widerstandes gegen dieses Geschehen?

Ein komplettes, nicht wertendes und gleichermaßen entspanntes Ja allem gegenüber, was ist, bedeutet nicht, keinen Schirm nehmen zu dürfen oder unserem schreienden Partner keine Grenzen zu setzen. Es ist einfach die komplette Öffnung dem gegenüber, was gerade ist – ohne Einschränkung. Dies beinhaltet natürlich auch, einverstanden zu sein, zu reagieren: spontan, mühelos und im natürlichen Fluss mit dem, was ansteht.

Das Loslassen gegenüber inneren wie auch äußeren Erscheinungen bezieht sich also gleichermaßen auf Angenehmes und Lustvolles wie auf Unangenehmes und Ekelhaftes, auf Friedvolles gleichermaßen wie auf Kampfgeschehen.

Es gibt kein Anhaften mehr an das, was das Bewusstsein inhaltlich erlebt. Wir müssen weder in den natürlichen Ablauf der Gedanken und Gefühle eingreifen noch in jenen der sogenannten äußeren Welt. Durch diesen Prozess des Loslassens gewinnen wir zu 100 % Freiheit, und dadurch wird eine kraftvolle und effektive Tatkraft spontan und mühelos freigesetzt. Erst jetzt können wir wirklich nützlich sein.

Nichts wollen – die Voraussetzung für Freiheit

Erleben wir es, im Moment des Erfahrens nicht mehr gebunden zu sein, hält uns auch nichts davon ab, natürlicherweise mutig und gleichzeitig weise zu handeln. Wir wollen nichts – folglich brauchen wir auch nichts zu befürchten.

Echte Zivilcourage, die uns weder erschöpft noch ängstigt, finden wir genau in dieser Lücke zwischen Wollen und Nichtwollen, zwischen Anspannen und Zurückweichen.

Wir arbeiten erst einmal eine ganze Weile an unseren inneren Qualitäten (Schritt 1–6), um schließlich ohne alle Ego-Filter die Wirklichkeit so zu erleben, wie sie wirklich ist.

Unsere Wahrnehmung wird allmählich rein und ungetrübt und ist nicht mehr durch Konzepte und Ideen verfärbt. Jetzt muss nicht einmal mehr unser »Wollen« aufgegeben werden. Es darf einfach so da sein. Wir laden es weder ein, füttern es nicht mit klebrigen Gedankenketten, noch müssen wir es bekämpfen. Wir lassen unsere vielen »*Ich-will*«-Sätze einfach in ihrer an sich unschuldigen und harmlosen Form bestehen und werden beobachten, wie sie sich wieder auflösen, ganz von allein. Aha, da seid ihr gerade.

Wenn wir dann Erscheinungen – innere wie äußere – irgendwann unbehindert und frei erleben können, nicht mehr eingreifen bei dem, was wir erfahren, nicht fixieren und wegschieben, dann sind wir frei. Wir erkennen das an einer natürlichen Gelöstheit und einem Effekt, der sich ganz von allein einstellt und die bisher »erarbeiteten Qualitäten« (Schritt 1–6) auf einmal und spontan umfasst: Wir können gar nicht anders, als uns selbst zu akzeptieren, uns verbunden zu fühlen mit anderen, Dankbarkeit ist einfach da, sich und anderen zu verzeihen steht in gar keiner Frage. Es gibt gar kein Nicht-Verzeihen. Es käme uns unecht und irgendwie »schräg« vor.

Es tut weh, wenn wir jemanden erleben, der anderen Schaden zufügt, es treibt uns die Tränen in die Augen, und wir beweinen Täter und Opfer gleichermaßen – ohne uns unserer Tränen zu schämen.

Mut ist nichts, was wir anstreben müssten, aus uns heraus geschieht natürlicherweise das, was ansteht – fraglos und ohne zu zögern.

Wir sind keine Opfer

Ein weiteres Kennzeichen, das sich im Prozess des Loslassens einstellt, ist die Erkenntnis der kompletten Selbstverantwortlichkeit des momentanen Erlebens. Es gibt niemanden mehr »da draußen«, den wir für irgendeinen Gemütszustand »in uns« verantwortlich machen würden. Welch ein folgenreiches Missverständnis zwischen Menschen wie auch Völkern, denen wir bisher »zum Opfer fielen«.

Erst jetzt sind wir zu echtem Mitgefühl fähig. Wir können Schritt 1–6 als Trainingseinheiten erkennen und wertschätzen, legen nun die Sportschuhe und Hanteln beiseite, freuen uns über die dazugewonnene Muskelmasse und entspannen uns in die Situation hinein, die gerade erlebt wird.

Ein anderes Nebenprodukt, das sich beim Loslassen einstellt, ist Glück. Es ist einfach da, ohne dass wir danach suchen müssten.

Sind wir noch nicht verbunden mit unserer inneren Wahrheit, geht es uns wie dem Fisch, der nach dem Wasser fragt und nicht bemerkt, dass er die ganze Zeit darin schwimmt.

So kann der ganze Prozess (Schritt 1–7) als Meditationszyklus angesehen werden. An diesem Punkt angelangt, kann unser ganzes Leben zur Meditation werden: Nichts kann uns mehr von der Stille trennen, da wir vor dem Lärm nicht davonlaufen müssen.

Fragen und Antworten zu »Loslassen«

Frage: Wenn es mir schlecht geht, verstehe ich ja, wie wichtig es ist loszulassen, um nicht zu leiden. Schwierig finde ich es für mich loszulassen, wenn es mir gerade sehr gut geht.

Antwort: Wenn es uns gut geht, genießen wir es – am besten noch, wie bereits besprochen, mit der Qualität der Dankbarkeit.

Alles, was wir erleben, sogenannte positive oder negative Erscheinungen im Geist, sind von bestimmten Ursachen und Bedingungen abhängig, die sich ständig ändern. Sobald wir an guten Zuständen festhalten, ist das Leid natürlicherweise schon vorprogrammiert. Je offener wir genießen und je dankbarer wir andere mit einschließen, desto freudvoller fühlt es sich an und desto leichter können wir auch wieder loslassen, wenn sich die Bedingungen natürlicherweise verändern.

Frage: Bedeutet ein befreiter Geisteszustand dann eigentlich, dass es uns immer gut geht?

Antwort: Befreiung bedeutet, entspannt zu sein, egal, was gerade innen oder außen passiert. In diesem entspannten Sein darf alles da sein, Trauer, Kummer, Freude, … egal, was. Verstehen wir die Leerheit der Erscheinungen, d. h. die Nicht-Solidität, dann stellt das alles kein Problem dar. Ein befreiter Geisteszustand bedeutet nicht, nur noch die eine Seite der Medaille, alles Schöne und Freudvolle zu erleben, und die andere, den Kummer und das Leid nicht. Wir werden uns eines Tages einfach anders darauf beziehen und irgendwann einmal entdecken, wenn wir völlig loslassen können von Wollen und Nicht-Wollen, dass angenehme und auch unangenehme Erscheinungen die gleiche Essenz haben.

Frage: Eigentlich weiß ich gar nicht, wie loslassen gehen soll.

Antwort: Das ist auch gut so. Loslassen geht nämlich auch nicht, loslassen geschieht von allein. Das, was wir tun können, ist festzustellen, wie und wann wir festhalten. In diesem Prozess nähern wir uns dem Loslassen natürlicherweise an. Ebenso wenig wie wir loslassen »machen können«, können wir Bewusstheit »herstellen«. Auch hier gilt das gleiche Prinzip: Wir beobachten unsere Gedanken und Gefühle, verwickeln uns nicht in Gedankenketten und kontaktieren durch diese innere Achtsamkeit unsere Bewusstheit, die die ganze Zeit schon da war und nur darauf gewartet hat, von uns entdeckt zu werden.

Frage: Wenn ich alles loslasse, verliere ich dann nicht auch meine Qualitäten, beispielsweise Mitgefühl mit anderen zu haben?

Antwort: Wenn wir von loslassen sprechen, so meinen wir das Loslassen von Egotendenzen, dem Anteil in uns, der immer das eine will und das andere ablehnt, der nie zufrieden ist mit dem, was ist, und es immer irgendwie anders haben möchte. Wenn das Ego ein wenig transparenter wird und es sich schließlich ganz auflöst, bekommen wir immer mehr Kontakt zu der natürlichen Strahlkraft unseres Erlebens. Ohne Begrenzungen, ohne Wollen und Nicht-Wollen ist Mitgefühl völlig natürlich. Wir können gar nicht anders, als liebevoll zu sein, bzw. wir entdecken, dass wir Liebe sind.

II. Von unerfüllten Wünschen zu erfüllenden Qualitäten

Arbeitsmaterialien zur Selbstbegleitung

»Wer zwischen bedingtem Glück und Leid,
zwischen Mögen und Nichtmögen hin und her schwankt,
wird nur wenig von der Weite mitbekommen,
die hinter allem liegt und in der sich alles wieder auflöst.«

Lama Ole Nydahl

Hier werden Sie nun Schritt für Schritt durch den gesamten Prozess der Transformation von unerfüllten Wünschen zu erfüllenden Qualitäten begleitet.

Wir beginnen mit einer Vorbereitungsphase, in der Sie Ihre Motivation für die Arbeit überprüfen können und sich auf Ihre persönliche Lebenssituation mit all den damit verbundenen »Ich-will«- und »Ich-will-nicht«-Sätzen einstellen können.

Dann folgt die Durchführungsphase, in der Sie mit dem von Ihnen ausgewählten »Ich-will«-Satz durch alle sieben Qualitäten begleitet werden.

Diesen Prozess können Sie ausführlich anhand von neun Tabellen für sich mitverfolgen.

Vorbereitungsphase

1. Die Motivation überprüfen

»Ich öffne mich der Möglichkeit, dass es eventuell für mein Glück und auch für meine spirituelle Entwicklung besser sein könnte, auf einer tieferen Ebene mit der Essenz meines Wesens in Kontakt zu kommen als den Wunsch gleich erfüllt zu bekommen.

Letztendlich wird es mich glücklicher machen, ein mitfühlendes und liebevolles Herz zu entwickeln, Dankbarkeit zu empfinden, mir und anderen verzeihen zu können und damit in Frieden zu sein.

Aus diesem Grund bin ich bereit dazu, meinen Wunsch einfach als Ausgangspunkt für eine tiefe und beglückende Erfahrung zu nehmen. Der Wunsch selbst ist nicht so wichtig wie das Ziel, wohin er mich letztendlich führt:

1. »Ich will« führt zur Selbstakzeptanz
2. »Ich will« führt zu Mitgefühl
3. »Ich will« führt zu Dankbarkeit
4. »Ich will« führt zu Mitfreude
5. »Ich will« führt zu Verzeihen
6. »Ich will« führt zu Mut
7. »Ich will« führt zu Loslassen

Ich öffne mich der Möglichkeit, ein Mensch zu sein, der sich selbst akzeptiert, der mitfühlend ist, dankbar, verzeihend, großzügig und weise.

Ich öffne mich der neuen Sichtweise, dass gerade meine unerfüllten Wünsche dafür da sind, dieses letztendliche und unbedingte Glück in mir selbst freizulegen.

Ich danke dem Leben für die zeitweise als frustrierend erlebten Situationen, in denen meine vermeintlichen Wünsche nicht erfüllt wurden. Dies scheine ich als ›Eintrittskarte‹ für das dahinter verborgen liegende Glück zu brauchen. Solange ich diese Glücksquelle in mir selbst nicht komplett erschlossen habe, bin ich bereit, das vorübergehende Leid der unerfüllten Wünsche als Sprungbrett anzunehmen. Die ganze Geschichte, die um einen unerfüllten Wunsch rankt, könnte auf einer tiefen Ebene Heilung in uns bewirken. Wenn wir damit aufhören, unsere Wünsche zu verleugnen oder ihnen nachzujagen, besteht die großartige Chance, uns selbst und der Welt wirklich zu begegnen.«

»Mögen alle Menschen ihr Leid und ihre Frustrationen dazu nutzen, sich selbst und andere auf eine umfassendere Art und Weise lieben zu lernen.«

2. Die unerfüllten Wünsche ernst nehmen

Nehmen Sie sich bitte zunächst etwas Zeit mit der Frage, wie es Ihnen im Moment geht. Gibt es irgendetwas, was Sie gerade stört im Leben? Fühlen Sie sich innerlich angespannt oder unruhig, wenn Sie über Ihre momentane Lebenssituation nachdenken? Gibt es irgendwelche Probleme oder Sorgen, die Sie im Moment in Ihrer Lebensqualität einschränken?

Nehmen Sie alle Themen, die gerade vor Ihrem inneren Auge auftauchen, ernst und wenden Sie sich dem ersten Übungsschritt zu.

Übung

Tabelle 1:

Meine allgemeinen Lebensthemen, die mich gerade beschäftigen:	»Ich-will«- bzw. »Ich-will-nicht«-Sätze
Partnerschaft	Ich will mich mit Josef weiterentw.
	Ich will, dass Josef seine Gefühle zu
	Ich will eine lebendige, zärtl. lustvolle P.
	Ich will gute Komm. i. d. Part.
Beruf	Ich will 6-8 Std. weniger arbeiten

Im nächsten Schritt formulieren Sie eventuelle »Ich-will-nicht«-Sätze in »Ich-will«-Sätze um. Schon dieser kleine Schritt bewirkt eine Veränderung in unserem Erleben, die auf der einen Seite für uns sehr wohltuend sein kann und zum anderen es uns erleichtert, damit weiter zu arbeiten.

Tabelle 2:

Ich will nicht	Ich will

Nun haben wir unser Material für das weitere Vorgehen gesammelt.

Schon diese Vorbereitung bewirkt eine Veränderung auf unserer inneren Landkarte, es vereinfacht Themenbereiche, ohne ihnen etwas von ihrer Essenz wegzunehmen.

Mit diesen »Ich-will«-Sätzen können wir nun unsere Reise beginnen.

Durchführungsphase

Wir beginnen nun den Weg zu unseren in uns teilweise noch verborgen liegenden Qualitäten.

Zunächst wählen wir den »Ich-will«-Satz aus, mit dem wir im Moment am liebsten arbeiten würden. Sie werden intuitiv spüren, welcher unerfüllte Wunsch Ihnen am meisten Energie raubt.

Schreiben Sie diesen Satz nun gesondert auf und lassen Sie uns mit der Arbeit beginnen.

Tabelle 3:

Mein unerfüllter Wunschsatz:

»Ich will …« einen Partner meines gesunden Selbstwerts

geistig, körperl. u. emotional gleichrangig

Der erste Schlüssel zum Glück: Selbstakzeptanz

»Ich nehme mich selber vollständig mit diesem Wunsch an. Ich liebe und akzeptiere mich so, wie ich bin. Es ist komplett in Ordnung, dass ich diesen Wunsch habe. Es ist menschlich und nachvollziehbar.«

Tabelle 4 a:

»Ich will« … und erkenne mich damit vollständig an

Bin

Eventuell tauchen an diesem Punkt innere Ambivalenzen auf. »Ich akzeptiere, dass es widersteitende Gefühle in mir geben darf.« Nehmen Sie diese bitte ebenso an und formulieren Sie sie schriftlich:

Tabelle 4 b:

»Ich will« … und erkenne mich auch mit einem inneren Widerstand gegen diesen Wunsch vollständig an

»Mögen sich alle Menschen freundlich und liebevoll ihren unerfüllten Wünschen zuwenden.«
»Mögen sie sich auch mit ambivalenten Gefühlen annehmen lernen.«
»Mögen sie ihr inneres Gleichgewicht finden.«

Der zweite Schlüssel zum Glück: Mitgefühl

»Ich fühle mich auf einer tiefen Ebene verbunden mit allen Menschen, die im Moment ein ähnliches Lebensthema haben. Ich öffne mich all diesen Menschen gegenüber und bemerke dabei, nicht allein zu sein. Diese tiefe Verbindung mit ihnen zeigt mir, was Menschsein wirklich bedeutet.«

Tabelle 5:

»Ich will« … und beziehe andere in meine Wünsche mit ein

»Möge ich mein Herz all jenen gegenüber öffnen, die gerade ein ähnliches Lebensthema haben wie ich.«
»Möge ich aus den im Moment gewonnenen Erfahrungen andere Menschen besser verstehen und ihnen eine Stütze sein können.«

Der dritte Schlüssel zum Glück: Dankbarkeit

»Ich erkenne, wie sehr mich mein Festhalten an meinem unerfüllten Wunsch davon abhält, das zu sehen, was ich alles habe. Ich bin bereit, meine Wahrnehmung dem Leben gegenüber zu erweitern und zu sehen, was wirklich ist. Ohne meine Wünsche in irgendeiner Weise verdrängen oder bagatellisieren zu müssen, bemerke ich den Reichtum, der mich dauernd – und häufig von mir unbemerkt – umgibt.«

Tabelle 6:

»Ich will« ... und erkenne, was ich schon alles habe

____

____

____

____

____

»Möge Dankbarkeit immer mehr mein Herz erfüllen.«
»Möge ich bemerken, wie perfekt das Leben bereits ist – ohne meine einengenden Gedanken.«

Der vierte Schlüssel zum Glück: Mitfreude

»Ich bin bereit dazu, mein Anhaften an mein eigenes, kleines Glück immer mehr loszulassen und das Glück anderer ebenso wichtig zu nehmen. Aus diesem Grund übe ich mich darin, Mitfreude mit anderen zu entwickeln – auch wenn mir dies zunächst ungewohnt erscheinen mag. Ich vertraue darauf, dass dieser Sprung aus meinen Egomauern wichtig für mich ist, letztendliches, un-bedingtes Glück zu finden.«

Tabelle 7:

»Ich will« ... und freue mich darüber, wenn es andere bekommen

____

____

____

____

____

»Möge sich Mitfreude als natürliche Qualität in meinem Seinsstrom manifestieren.«

»Möge ich durch Mitfreude meine einengenden Egopanzer überwinden und immer mehr das Glück der Ungetrenntheit erleben.«

Der fünfte Schlüssel zum Glück: Verzeihen

»Ich verstehe, welch tiefe, heilsame Wirkung in der Qualität des Verzeihens liegt. Ich erkenne Verzeihen als eine grundlegende menschliche Sehnsucht an, sei es mir selbst, den anderen oder dem Leben im Allgemeinen gegenüber. Wenn ich verzeihe, kann tief in mir etwas zur Ruhe kommen, und ich erweise mir selbst – und anderen – ein großes Geschenk damit.«

Tabelle 8:

»Ich will« ... und verzeihe mir, den anderen und dem Leben, wenn ich es nicht bekomme

____

____

____

____

____

____

»Möge ich mich Schritt für Schritt auf den tiefen Prozess des Verzeihens einlassen können.«

»Mögen ich und andere durch Verzeihen Heilung erfahren.«

Der sechste Schlüssel zum Glück: Mut

»Das Leben bequem haben zu wollen, lasse ich hinter mir. Ich stelle mich mit voller Kraft und ganzem Mut den Herausforderungen, die das Leben auch immer stellen mag. Ich erkenne die Sinnhaftigkeit jeglicher Schwierigkeit und bin bereit, mich komplett darauf einzulassen. Dieses bedingungslose ›Ja‹ dem Leben gegenüber, egal, welche Färbung es im Moment einnehmen mag, führt mich zu inneren Qualitäten, die ich in der gewohnten Vermeidungshaltung niemals hätte finden können.«

Tabelle 9:

»Ich will« ... und nehme die Herausforderungen des Lebens komplett an

»Möge ich mir selbst immer mehr vertrauen,
mit schwierigen Situationen umgehen zu können.«
»Möge ich Schritt für Schritt den Bodhisattwa-Krieger in mir
entdecken und zum Nutzen aller Menschen entwickeln.«

Der siebte Schlüssel zum Glück: Loslassen

»Ich bemerke immer mehr, wie mein Festhalten an Wünschen und Vorstellungen dem Leben gegenüber mich letztendlich hindern, seine Fülle zu entdecken. Jegliches Festhalten an meinen Vorstellungen, wie mein Leben sein sollte, hindern mich daran, das Glück wahrzunehmen, das jeder Augenblick an sich schon bereithält. Ich lasse mich auf den Prozess des Loslassens ein, indem ich jeglichen Widerstand gegen das, was gerade ist, bemerke und damit entkräfte.«

Tabelle 10:

»Ich will« ... und entdecke die Kunst der Widerstandslosigkeit

»Möge ich immer mehr meine festen Vorstellungen
und Wünsche loslassen.«
»Möge ich durch die Qualität des Loslassens
und dem damit entstehenden Raum Vertrauen
in das Leben selbst gewinnen.«

III. Wie stabilisieren wir die in uns liegenden Qualitäten?

»Was immer an Freude ist in dieser Welt,
entspringt dem Wunsch für das Glück aller anderen;
und was immer an Leiden ist in der Welt,
entspringt dem Wunsch nach nur eigenem Glück.«

Shantideva

1. Praktische Übungen für den Alltag und Meditationsvorschläge zur Vertiefung

Wie genau kommen wir nun zu diesem in uns liegenden Glück?

In diesem Teil des Buches finden Sie eine Reihe von sehr effektiven Übungen für den Alltag, Meditationen und weitergehenden Vorschlägen zur Vertiefung.

Es gibt verschiedene Wege und Möglichkeiten, wie Menschen ihr Entwicklungspotenzial freisetzen können. Die einen schätzen den Wert der Meditation, andere suchen eher in ihrem Alltag handlungsorientierte Vorschläge zu ihrer Weiterentwicklung. Letztendlich ist das eine vom anderen nicht zu trennen. Sitzen wir auf unserem Meditationskissen und üben Achtsamkeit, dann wird sich dies ganz natürlicherweise in unseren Alltag mit hineintragen. Sind wir im Alltag offen, liebevoll und präsent, dann ist dies bereits eine Meditation.

Wir müssen es nicht künstlich trennen.

Natürlicherweise wechseln wir ab zwischen kontemplativen und meditativen sowie auch aktiven Phasen in unserem Leben. Die hier folgenden Übungen beinhalten Anregungen für beide Formen.

Wie können wir das schenken, was wir zu brauchen glauben, und gleichzeitig glücklich dabei sein?

Die Verbindung der Qualitäten

Wenn wir die in uns liegenden Qualitäten mithilfe der hier vorgestellten Übungen immer mehr entdecken wollen, dann empfiehlt es sich zunächst, Selbstakzeptanz immer gleich mit einer anderen Qualität zu verbinden. Tun wir dies nicht, so sind wir in Gefahr, bei der Qualität der Selbstakzeptanz stehen zu bleiben und uns unter Umständen in immer wiederkehrende Egoschleifen zu verlieren (Wie geht es **mir**? Welche Gefühle habe **ich** gerade? Ich muss jetzt mal an **mich** denken usw.).

Werden wir dabei immer enger und auf uns selbst bezogen? Interessiert es uns dabei immer weniger, wie es den anderen mit uns geht?

Oder werden wir offener und weitherziger in dem Prozess der Selbstakzeptanz? Verbinden wir die Qualität der Selbstakzeptanz mit den eher nach außen gerichteten Qualitäten des Mitgefühls, der Dankbarkeit und der Mitfreude, so fühlen wir uns nicht nur mit uns selbst wohler und ausgeglichener, sondern sind gleichzeitig in Verbindung mit anderen. Kultivieren wir einen offenen Geist und ein offenes Herz, so erkennen wir dies daran, dass wir von der begrenzten Entweder-oder- immer mehr in eine Sowohl-als-auch-Sichtweise dem Leben gegenüber gelangen.

»Es ist wunderbar, mich um mich selbst zu kümmern und gleichzeitig die Interessen der anderen im Auge zu haben.«

Wir beginnen, wie immer, bei der Selbstakzeptanz:

1. Brauche ich mehr Würdigung – auch Würdigung von mir selbst bezüglich meiner Situation? Wann habe ich mich selbst das letzte Mal anerkannt? Selbstakzeptanz hat nichts mit Egoismus zu tun. Je mehr wir uns selbst lieben, desto mehr lieben wir auch andere. Wir sind Liebe – natürlicherweise. Wie kann ich für mich so gut sorgen, dass ich diese Liebe immer wieder kontaktieren kann? Suche ich sie im Außen (ich will Liebe von meinem Partner, meinen Kindern, meinem Chef, von

Kollegen, von Nachbarn, von Freunden usw.), suche ich sie in Ersatzbefriedigungen (wenn ich zu wenig Liebe bekomme, esse ich, trinke ich, sehe ich fern, shoppe ich, arbeite ich besonders viel usw.)? Oder bin ich interessiert daran, die Quelle aller Liebe in mir selbst zu entdecken und zu kultivieren?

2. Mitgefühl

Wenn ich die Quelle der Liebe entdeckt habe, ist das ein Zeichen dafür, dass sich meine Blockaden nach außen immer mehr verringern bzw. ganz auflösen können. Ich entdecke, dass Liebe universell ist, so wie die Sonne, die auf alle Wesen scheint (ohne einzuteilen in: den einen schenke ich Wärme, den anderen nicht).

Selbstakzeptanz und Mitgefühl gehören immer zusammen. Die eine Qualität hat ohne die andere keine Standfestigkeit und die innere Strahlkraft wird früher oder später verloren gehen.

Wir beginnen also bei unserem Leid, unserem Kummer, unseren vielen »Ich-will«- und »Ich-will-nicht«-Sätzen, erkennen uns damit komplett an und öffnen dann unser Herz allen gegenüber, die gerade Ähnliches oder das gleiche Problem haben.

Mit der folgenden Übung können Sie sich selbst im Alltag begleiten und sich daran gewöhnen, diese beiden Qualitäten »als Gesamtpaket« zu nehmen.

Wenn Sie allein diese beiden ersten Schritte Selbstakzeptanz und Mitgefühl für eine Weile kultivieren, dann wundern Sie sich nicht, wie sehr sich ihr Leben auf eine sehr natürliche und leichte Weise zum Positiven verändern wird. Wundern Sie sich nicht über »Wunder«, sie werden geschehen. Das Einzige, was dafür nötig ist, ist, sie überhaupt zu bemerken. Lassen Sie sich einfach überraschen, auf welche Weise das Leben zu Ihnen spricht, wenn Sie sich öffnen.

Auf dem buddhistischen Praxisweg zum Entwickeln von Liebe und Mitgefühl wird geraten, uns von unseren Egoanhaftungen durch sogenannte Gegenmittel zu befreien.

Eine ähnliche Vorgehensweise finden wir bei »The Work« von Byron Katie, die stressbeladene Gedanken als wurzellose Konstrukte in unserem Geist entlarvt und vorschlägt, mit sogenannten Umdrehungen zu arbeiten.

Wir beginnen also wieder bei unseren »Ich-will«-Sätzen und verändern sie in folgender Weise:

Aus »*Ich will ... haben*« *wird* »*Ich schenke es weiter ...*«.

Dies tun wir nicht nur in Gedanken, sondern – und dies ist hier der neue Schritt – gehen direkt in die Handlung.

Stellen Sie sich vor, Sie sitzen bekümmert, abgeschnitten von Ihren eigenen Qualitäten, ungeliebt, verlassen und allein mitten auf einem großen Marktplatz, alle möglichen Menschen kommen an Ihnen vorbei – keiner bemerkt Sie, keiner gibt Ihnen das, was Sie sich so sehnlichst wünschen. Ihr Kummer wird immer größer, Ihre Einsamkeit, das Gefühl, völlig bedeutungslos zu sein, Sie spüren, wie hoffnungslos es ist, jemals das zu bekommen, was Sie sich wirklich wünschen.

Normalerweise kreieren wir an diesem Punkt entweder unzählige individuelle Strategien, wie wir doch noch das bekommen können, was wir uns so sehr wünschen – oder wir resignieren in altbekannter Weise.

Statt des üblichen Ausagierens dieser üblichen Tendenzen nehmen wir uns selbst freundlich und sachte bei der Hand – und probieren etwas Neues aus.

Etwas Neues probieren

Wir sitzen also auf dem von uns vorgestellten Marktplatz, spüren unsere Einsamkeit, die mit dem Gedanken »*Ich will ... beachtet werden*« einhergeht, und drehen diesen Satz – und damit die komplette Sichtweise der momentanen Erfahrung um: »*Ich gebe ... Aufmerksamkeit.*«

Wie mag es den Menschen gehen, die gerade an mir vorbeilaufen? Wer fühlt sich noch einsam? Wen drückt irgendein Kummer? Wer läuft hektisch und schnell seinem eigenen Leben davon?

»Ich gebe das, was ich mir wünsche.«

Wie kann ich dies nun konkret in meinem Alltag üben?

Übung

»Ich-will«-Satz	Arbeit mit Gegenmitteln	Wann und wie tue ich oder tat ich das bereits? Wie fühlt sich das an? Erleben Sie die Entspanntheit und das Glück, wenn Sie mit dem Gegenmittel arbeiten?	Wie könnte ich heute diese Umdrehung in die Tat umsetzen?	Befreiende Wünsche
»Ich will Anerkennung«	»Ich gebe Anerkennung«			
»Ich will Liebe«	»Ich gebe Liebe«			
»Ich will Fürsorge«	»Ich gebe Fürsorge«			
»Ich will Achtung«	»Ich achte andere«			
»Ich will recht haben«	»Ich gebe anderen recht, d. h., ich akzeptiere ihre Meinung, versetze mich in ihre Lage« usw.			
»Ich will erfolgreich sein«	»Ich gönne anderen den Erfolg, ich unterstütze sie in ihren Projekten« usw.			

Nicht nur meditieren, sondern handeln!

Der Schwerpunkt dieser Übung liegt in der Handlung. Spirituell interessierte Menschen neigen manchmal dazu – bei aller guten Motivation –, die Handlungsebene zu vernachlässigen. Immer dann, wenn es auf dem Meditationskissen gemütlicher zu sein scheint als bei der Vorstellung, das Badezimmer zu putzen oder die Küche aufzuräumen, sollte man dies zumindest bemerken.

Hier nun einige alltagserprobte Beispiele, wie wir mit der von uns gefundenen Umdrehung »ich gebe Anerkennung, ich gebe Liebe, ich gebe Fürsorge« usw. auf der Handlungsebene umgegangen werden kann:

Schreiben Sie den Satz auf:

Ich tue es jetzt!

… ohne eine Gegenleistung zu erwarten. Das einfachste Kriterium, um zu bemerken, ob wir freies Schenken kultivieren oder ein verstecktes »ich gebe, weil ich etwas will«, besteht darin, dass wir beim freien Schenken komplett entspannt sind und es nicht erschöpft. Wir geben einfach, weil es Freude macht, und nicht, weil wir einen Handel eingehen wollen (ich gebe, weil ich dann beliebter bin, netter bin, mir spirituellen Verdienst ansammle, mein Meditationslehrer mich lobt usw.). Und nun die Liste, die Sie vielleicht inspiriert, den einen oder anderen Punkt selber hinzuzufügen:

- Rufen Sie Ihre Mutter an und fragen Sie, wie es ihr geht.
- Gehen Sie zu Ihren Nachbarn und fragen Sie, ob Sie etwas vom Einkaufen mitbringen können.
- Schicken Sie Ihrem Partner eine SMS und bedanken Sie sich bei ihm, dass er gerade arbeitet.
- Gehen Sie zu Ihrem Computer spielenden Kind, nehmen Sie es liebevoll in den Arm, fragen, was es gerade macht, zeigen Ihr Interesse und wünschen ihm Freude dabei (keine Sorge: mit einem freundlichen Wunsch von Ihnen spielt es mit Sicherheit nicht länger, als es ohnehin spielen würde).

- Schreiben Sie jemandem eine Karte, den Sie schon lange nicht mehr gesehen haben und von dem Sie wissen, dass er sich darüber freut.
- Überweisen Sie für ein Projekt, für das Sie sich begeistern können, eine Spende.
- Schenken Sie Ihrer überlasteten Freundin ein Schaumbad und einen Gutschein, zwei Stunden auf ihre Kinder aufzupassen.
- Unterstützen Sie Ihre Kollegen bei ihrer Arbeit, wenn Sie merken, dass sie sich überlastet fühlen.
- Usw.

Mitfreude entwickeln – Wie wir unser Herz weiten

Die Qualität der Mitfreude ist ebenso effektiv wie anspruchsvoll. Ein für uns möglicher Zwischenschritt besteht darin, von unserer »Egoanhaftung« über Mitgefühl bzw. Großzügigkeit zur Mitfreude zu gelangen.

Lassen Sie uns dies an einem Beispiel illustrieren:

Beispiel

Robert meditiert seit vielen Jahren und nimmt seine spirituelle Seite durchaus ernst. Gleichzeitig ist er ein erfolgreicher Geschäftsmann und bemerkt irgendwann einmal – ehrlich sich selbst gegenüber –, dass beim Thema »Großzügigkeit« sich ein deutlicher innerer Widerstand dagegen erhebt. Bei näherer Betrachtung bemerkt er, dass es weniger das Geld ist, an dem er festhält, als an einem alten Neid- und Eifersuchtsthema bezüglich seiner Geschäftskollegen und auch seiner Kunden.

Die Möglichkeit der Selbstakzeptanz (Schritt 1) macht es ihm erst einmal möglich, sich selbst zuzugestehen, wie stark er anderen gegenüber Neidgefühle empfand. Natürlich gab es auch hier eine alte Geschichte dazu (Rivalität mit zwei älteren Brüdern, die deutlich in der Gunst des Vaters standen).

Es wurde ihm bewusst, dass er in seiner Meditationspraxis jahrelang gegen diesen von ihm selbst gehassten und bekämpften Impuls, alles für sich allein haben zu wollen und dem anderen nichts zu gönnen, »vergeblich anmeditierte«.

Seine Akzeptanzsätze lauteten:

> »*Ich würdige mich selbst als jemand, der sich auf der spirituellen Suche befindet und sich ernsthaft darum bemüht, seinen Geist zu erweitern und ein offenes Herz zu entwickeln*«.
> »*Gleichzeitig beginne ich Schritt für Schritt den Persönlichkeitsanteil des Neides in mir wahrzunehmen und auch zu verstehen. Ich umarme diesen Persönlichkeitsanteil in mir und verspreche ihm, mich zu bemühen, ihm einen Platz in meinem Leben einzuräumen (so wie ich mir auch einen Platz bei meinem Vater gewünscht hätte).*«

Bei unseren gemeinsamen Gesprächen kommt er zur der Schlussfolgerung, seine Meditationspraxis nicht mehr als »spirituellen Feldzug« gegen seine verhassten Persönlichkeitsanteile zu verwenden. Statt »ein besserer Mensch« werden zu wollen, entspannte er sich eher durch die Erlaubnis, alles im Blickpunkt der Achtsamkeit so anzunehmen, wie es gerade ist. Seine Neidgefühle freundlich zu bemerken bedeutete dann auch, das, was er hat, mehr zu schätzen und auch zu genießen. Ich schlug ihm vor, auch auf der Handlungsebene alles so zu belassen wie es bisher war, mit einem ganz kleinen Zusatzvorschlag, der ihn nicht mehr als 4,– € pro Woche kosten würde. Ich fragte ihn, was er davon halten würde, jede Woche einen Lottoschein auszufüllen und diesen irgendjemandem – wenn möglich anonym – zuzuschicken. So witzig er die Idee fand, spürte er deutlich, welche Herausforderung es für ihn darstellte, in dieser Weise Großzügigkeit zu entwickeln. Erst zusammen mit der inneren Erlaubnis, auch selbst das Leben komplett genießen zu dürfen, willigte er schließlich in das »Spiel« ein.

Ich fragte nie mehr danach, ob er diese Aufgabe regelmäßig durchgeführt hat, als er mir einige Monate später von sich aus davon berichtete. Er hätte die Lottoscheine tatsächlich fast wöchentlich weggeschickt, »jedoch nicht anonym, dagegen hätte sich mein Ego vollkommen gesträubt«. Einmal schenkte er seiner Schwägerin den ausgefüllten Lottoschein, und sie gewann tatsächlich etwas mehr als 100,– € . In diesem Moment konnte er sich wirklich mit ihr freuen und wurde zu guter Letzt von ihr sogar noch zum Essen eingeladen, sodass er die Früchte seiner Handlung selbst ernten konnte.

Haben Sie sich schon einmal überlegt, wie viele Wünsche bisher Ihr Leben begleiteten? Wie viele dieser Wünsche haben sich erfüllt? Wie viel Anstrengung hat es gemacht, den Wünschen nachzugehen? Stellen Sie sich einmal vor, Sie würden ab heute nur noch einen einzigen Wunsch haben:

Möge das geschehen, was letztendlich zum Wohle aller Wesen ist.

Falls Sie die Radikalität erschreckt, die auf der Beschränkung auf nur einen Wunsch liegt, so bedenken Sie bitte, dass Sie selbst natürlich auch Teil dieser *aller Wesen* sind. Es geht nicht darum, uns »ein schönes Spielzeug wegzunehmen« (obwohl dies manchmal auch recht sinnvoll sein könnte), sondern wir werden erleben, wie viel sinnvoller und reicher unser Leben sein wird, wenn wir ein offenes und liebevolles Herz entwickeln.

Es gibt deutliche Unterschiede zwischen egogesteuerten Wünschen und Wünschen, die auf das Wohl aller ausgerichtet sind.

Stellen Sie sich einmal vor, wie es wäre, wenn ab heute kein einziger Ihrer Wünsche vom Leben, vom Schicksal, von Gott – wie auch immer Sie es nennen mögen – erfüllt werden würde. Nehmen wir einmal an, das Leben würde seinen eigenen Verlauf nehmen und Sie könnten daran nichts ändern.

Betrachten Sie Ihr bisheriges Leben, wie es sich vor Ihnen entfaltet: Wie viele Ihrer Wünsche haben sich erfüllt und wie viele Ihrer Wünsche sind unerfüllt geblieben? Wie wäre Ihr Leben wohl verlaufen, wenn Sie sich selbst mit Ihren Wünschen angenommen hätten, sie auch ernst genommen hätten, ohne jedoch verkrampft und einseitig an ihnen festzuhalten im Sinne von »Ich will das jetzt haben, koste es, was es wolle«.

Spüren Sie einmal nach, wie viel Energie und häufig auch Lebensfreude es Sie bisher gekostet hat, Sklave Ihrer Wünsche zu sein. Nun stellen Sie sich bitte einmal vor, Sie würden all Ihre Wünsche, die kleinen wie die großen, Ihres bisherigen Lebens unter eine Überschrift stellen:

Möge das passieren, was letztendlich zum Besten aller ist.

Können Sie die Erleichterung spüren? Bemerken Sie, wie sich Enge, egogesteuerte und letztendlich leidvolle Vorstellungen über uns selbst und das Leben, wie es zu laufen habe, auflösen?

Wie nun können wir konkret mit den Qualitäten der Großzügigkeit, des Mitgefühls bis hin zur Mitfreude arbeiten?

Übung

Beginnen wir mit einer kleinen Meditation:

Wir setzen uns bequem und gleichzeitig aufrecht hin und lassen uns erst eine kleine Weile Zeit, bei uns selbst anzukommen. Wir spüren unserem Atem nach, beobachten, wie unsere Bauchdecke sich hebt und senkt im Rhythmus des Atmens … und lassen alles los … und dann wenden wir uns freundlich und achtsam unserem Thema zu, diesem »ich will« … und warten einfach ab. Vielleicht entsteht ein Bild, ein Gedanke, ein Gefühl, vielleicht bemerken wir auch an einer körperlichen Reaktion, ob ein bestimmtes Thema auftauchen möchte … und wir beobachten einfach, was geschieht. Wir bewerten nicht, wir schieben das Thema nicht weg, wir setzen auch keine Geschichte dazu. Wir beobachten einfach, was geschieht, wie ein gleichmütiger Beobachter.

»Ich will …« – Welches Thema zeigt sich vielleicht schon jetzt? … und wenn es sich zeigt, dann bezeugen wir es auf eine freundliche, wohlwollende Art und Weise. Ja, ich nehme mich voll und ganz mit diesem Thema an, es ist in Ordnung. Es ist menschlich, so zu fühlen, es ist weder richtig oder falsch, spirituell oder nicht spirituell, … es ist einfach menschlich, so zu fühlen … auch andere Menschen fühlen so, auch andere Menschen haben dieses »ich will« in ihrem Geist … fällt mir dazu jemand spontan ein? Oder sogar mehrere Menschen? Ein

ganzer Club von sich sehnenden »Ich-will ...«-Menschen? Vielleicht sogar alle? Ich öffne mich und stelle mir vor, wie wir alle einen großen und immer größer werdenden Kreis bilden ... und das kann ein Kreis sein, der die ganze Welt umspannt ... und dann nehmen wir uns alle bei den Händen ... wortlos und mit einem tiefen inneren Verstehen ... wissend verbunden mit unserem Sehnen, mit einem menschlichen Grundthema ... es bildet sich eine Gemeinschaft ... und aus meinem kleinen, abgetrennten und einsamen Ich wird plötzlich ein verstehendes und verstanden werdendes, gemeinsames und liebevolles wir ... und zum Schluss dieser kleinen Meditation können wir einfach noch ein bisschen verweilen in dieser Gewissheit, verbunden zu sein ... wir zu sein, im Kontakt zu sein.

Und wenn wir diese Meditation beenden, können wir dieses Gefühl der Verbundenheit mit in unseren Alltag nehmen und uns davon begleiten lassen.

Im Anschluss daran können Sie über Ihr Mitgefühl zur Mitfreude gelangen, indem Sie ganz praktische Übungen ausprobieren, die Ihnen im ersten Moment vielleicht ungewöhnlich erscheinen, in ihrer Effektivität jedoch nicht zu unterschätzen sind:

Übung

- Gehen Sie über einen Parkplatz vor einem teuren Hotel und erfreuen Sie sich am Anblick der schönen Autos. Wünschen Sie – so gut Sie können – allen Besitzern viel Freude mit ihren Fahrzeugen – und dann spazieren Sie weiter.
- Gehen Sie shoppen und stellen Sie sich vor die Schaufenster der teuersten Boutiquen in der Stadt. Betrachten Sie die schönen Kleider und wünschen Sie den zukünftigen Besitzerinnen viel Freude damit.
- Holen Sie sich Urlaubsprospekte von verschiedenen Ländern und formulieren Sie Wünsche: »Alles Glück den Menschen, die diese Reisen unternehmen.«

- Sehen Sie sich romantische Liebesfilme an und wünschen Sie allen Frauen bzw. Männern dieses auf die Leinwand projizierte Glück für ihr Leben.
- Gehen Sie an der Sparkasse Ihres Heimatortes vorbei und wünschen Sie allen Menschen, die hineingehen und herauskommen: »Mögen alle Wohlstand erleben und finanziell sorgenfrei sein.«
- Wenn Sie an einem Restaurant vorbeikommen: »Mögen alle, die hier drinnen sitzen, ihr Essen in vollen Zügen genießen.«

Diese Übungen führen – zum rechten Zeitpunkt ausgeführt – zu mehr Freude und Leichtigkeit. Ihr Herz öffnet sich und Sie gönnen sich das bisher vielleicht fast unbekannte Glück der Mitfreude.

Die Freude des Nichtbewertens

Achtsamkeitspraxis nach Thich Nath Hanh

Setzen Sie sich bitte einmal in ein Café in einer belebten Fußgängerzone und betrachten Sie die Menschen, die in Ihrer Nähe sitzen bzw. an Ihnen vorbeilaufen. Achten Sie als Erstes auf Ihre spontanen Reaktionen, wenn Sie jemanden ansehen. Bemerken Sie, wie schnell wir »automatisch« bewerten? Zu groß, zu klein, zu dick, zu dünn? Nun beginnen Sie, diese Bewertungen einfach zu bemerken: »Aha, Bewertung.«

Sie beginnen also, die Welt da draußen nicht mehr unbewusst und reflexartig zu bewerten, sondern sind sich bewusst darüber. Im nächsten Schritt (vielleicht brauchen Sie inzwischen eine zweite Tasse Kaffee) gönnen Sie sich einmal die Freude, *ohne* Bewertung einfach herumzuschauen. Sie sehen Formen, Farben, Gesichtsausdrücke, Körperhaltungen, Körperfülle, Kleidungsstücke usw. Sie erleben Vielfalt, ohne Ihren subjektiven Stempel des Bewertens aufzuprägen.

Je mehr wir die Welt in ihrer wunderbaren Mannigfaltigkeit zu erleben fähig sind, desto weiter wird unser Geist, unser Herz öffnet sich, und unser »Ich will« und vor allem unser »Ich will nicht« wird natürlicherweise weniger. Dadurch erreichen wir mehr innere und äußere Freiheit – und werden einfach glücklicher.

Nichtbewerten geht einher mit einem kompletten Gefühl, in unserer eigenen Mitte zu sein.

Umgekehrt können wir sagen, dass ein Zeichen, nicht bei uns selbst zu sein, darin besteht, uns in Außenprojektionen zu verlieren. Wir nehmen unsere eigenen Bewertungen ernst, glauben ihnen und schreiben ihnen damit eine Festigkeit zu, die wir dann für die Wirklichkeit halten.

Im Kontakt mit uns

Eine Möglichkeit, immer wieder in Kontakt mit unserer inneren Mitte zu kommen, besteht darin, eine Achtsamkeitspraxis durchzuführen.

Seit einigen Jahren begleiten mich die Atemübungen des vietnamesischen Zen-Meisters Thich Nath Hanh, die ich Ihnen hier vorstelle.

Seine Meditationen sind so angelegt, dass sie uns – gekoppelt an unseren Atemrhythmus – begleiten und uns dabei unterstützen, uns selbst in einer nicht wertenden Art und Weise zu betrachten. Wir richten unsere Aufmerksamkeit auf unseren Körper, unsere Gedanken, unsere Gefühle und auf Themen wie Vergänglichkeit und unser Vernetztsein mit der uns umgebenden Welt.

Dieses genaue Wahrnehmen ohne einzugreifen kann uns dahingehend begleiten, die wahre Natur von inneren und äußeren Phänomenen zu erkennen. Wir können die äußere Struktur dieser Atemmeditation zur Entwicklung der sieben Qualitäten nutzen.

Die folgenden Anregungen können Ihnen einen Geschmack vermitteln, wie wir mit einer Achtsamkeitspraxis Kontakt zu uns selbst finden können. Wer sie regelmäßig ausüben möchte, sollte sich eine Meditationsgruppe und einen qualifizierten Lehrer suchen.

Anregungen zur Achtsamkeitspraxis

Wer bereits mit einer Achtsamkeitspraxis vertraut ist, kann folgende Anleitungen in sein tägliches Übungsprogramm mit aufnehmen:

Sie sitzen möglichst gerade und gleichzeitig entspannt und richten Ihre Aufmerksamkeit auf Ihren Atem. Sie können bei jedem einzelnen Thema einige Minuten verweilen.

Ich atme ein und nehme mich selbst in den Arm – ich atme aus und nehme mich selbst in den Arm
Ich atme ein und verbinde mich mit allen Menschen – ich atme aus und verbinde mich mit allen Menschen
Ich atme ein und empfinde die Dankbarkeit des Seins – ich atme aus und empfinde die Dankbarkeit des Seins
Ich atme ein und freue mich mit allem Leben – ich atme aus und freue mich mit allem Leben
Ich atme ein und nehme Herausforderungen des Lebens mutig an – ich atme aus und nehme Herausforderungen des Lebens mutig an
Ich atme ein und lasse alle Vorstellungen über das Leben los – ich atme aus und lasse alle Vorstellungen über das Leben los

Sie können bei dieser Achtsamkeitspraxis »mit Worten spielen« und sich damit auf unterschiedliche Art und Weise bereichern.

Wenn es Ihnen einmal schlecht geht, können Sie auch folgende Möglichkeit ausprobieren, um mehr inneren Raum zu gewinnen und sich nicht in Ihrem Leid zu verhaken:

Ich atme ein und nehme meine Wunden wahr – ich atme aus und nehme meine Wunden in den Arm
Ich atme ein und nehme meine Wunden wahr – ich atme aus und lasse meine Wunden los
Ich atme ein und nehme meine geringe Selbstakzeptanz wahr – ich atme aus und nehme meine geringe Selbstakzeptanz in den Arm
Ich atme ein und nehme Selbstakzeptanz wahr – ich atme aus und wünsche auch den anderen Selbstakzeptanz

Ein praktischer Hinweis noch zum Schluss: Wenn Ihnen die hier vorgeschlagenen Sätze zu lang erscheinen, dann nutzen Sie in der Meditation bitte nur ein bis zwei Schlüsselworte (beispielsweise: einatmend Wunden wahrnehmen, ausatmend Wunden in den Arm nehmen usw.).

Diese Atemmeditation hilft uns in unserem Alltag ebenso wie in herausfordernden Lebenssituationen.

Das Beispiel von Fred und seiner Frau zeigt uns, wie hilfreich diese Methode in Lebenskrisen genutzt werden kann, in denen wir eine ständige Begleitung brauchen. Dies ist durch die Konzentration auf den Atem, begleitet von unterstützenden Worten, möglich.

Beispiel

Fred ist 53 Jahre alt und war der Vater eines 15-jährigen Jungen. Er neigte immer sehr dazu, aufbrausend und jähzornig zu sein, »Geduld zu haben war nie meine Stärke«. Er ist verheiratet mit einer emotional eher zurückhaltenden Frau. Beide schätzen sich in ihren Potenzialen und haben gleichzeitig in ihrer langen Partnerschaft Wege gefunden, ihre Schwächen und Fehler gegenseitig zu tolerieren und immer wieder damit zu arbeiten.

Dieses Gleichgewicht wurde für ihn sehr gestört, als sie ihr Kind, Patrick, bekamen. Patrick war von vornherein sehr schwierig, ein »Schreikind«, später erlebte ihn sein Vater bockig und unausgeglichen, es gab immer wieder heftige Streitereien zwischen den beiden, vor allem als Patrick in die Pubertät kam. Seine Frau versuchte immer, die Hauptschwierigkeiten »abzupuffern«, dies gelang jedoch nur selten. Patrick rutschte in die Drogenszene ab, trank übermäßig Alkohol und hatte keine Lust mehr, in die Schule zu gehen.

Fred war außer sich vor Zorn und auch vor Enttäuschung, einen Sohn zu haben, der so gar nicht seinen Erwartungen entsprach. Patrick wurde immer widerspenstiger, und eines Tages versuchte er, sich während eines Alkoholexzesses das Leben zunehmen. Nach diesem ersten Suizidversuch kam er für einige Wochen in die jugendpsychiatrische Abteilung des Landeskrankenhauses, danach in eine Wohngruppe für sozial auffällige Jugendliche und dann wieder nach Hause. Dort eskalierte die Situation nach kurzer Zeit wieder, und – obwohl der Vater sich sehr bemühte, auf ihn mehr als früher einzugehen – eines Abends gab es wieder Streit. Fred schrie ihn an, es wäre wohl besser gewesen, wenn sein damaliger Selbstmordversuch geklappt hätte. Daraufhin verlies Patrick schweigend die Wohnung und kehrte nie mehr zurück. Einige Stunden später fand man ihn im Wald erhängt mit einer halb leeren Flasche Wodka neben sich.

Nach dem Tod seines Sohnes »ging ich durch alle Höllen, die es gibt«. Fred begann selber zu trinken, vernachlässigte seine Arbeit und verwahrloste immer mehr. Eines Tages stellte seine Frau ihn vor die Entscheidung, nun entweder eine Therapie für sich zu machen oder von ihr verlassen zu werden. Sie habe immer zu ihm gehalten, auch nach dem gewaltsamen Tod ihres gemeinsamen Sohnes, sie könne ihn jedoch im jetzigen Zustand nicht mehr ertragen, da sie selbst Stütze und Stabilität in der extrem schwierigen Situation nötig hatte. Fred war einverstanden und nahm mehrere Anläufe, sich therapeutisch helfen zu lassen. Seine tief greifenden Schuldgefühle jedoch ließen sich nicht mit den üblichen Verfahren auflösen, und so kam er eines Tages etwa zwei Jahre nach dem Tod seines Sohnes, auf Empfehlung eines anderen Freundes, dazu, ein Seminar bei mir zu besuchen.

Beim ersten Schritt, der Selbstakzeptanz, verhakte sich Fred immer weiter in seinen Schuldgefühlen und war sicher, »dass ich mir dies niemals werde verzeihen können«.

Anstatt etwas gegen seine Schuldgefühle zu tun, ging es nun eher darum, ihn mit seinen Schuldgefühlen zu versöhnen, das heißt, sie selbst komplett anzunehmen als jemand, der Schuldgefühle hat. Diese sind völlig nachvollziehbar und verständlich und es entspannte ihn ein ganz klein wenig, seine Schuldgefühle als ein Teil seiner Persönlichkeit anzunehmen und sie – bildlich gesehen – zu umarmen.

Die Vorstellung, bei sich selbst Mitgefühl zu entwickeln, anderen Menschen gegenüber, die Schuld auf sich geladen haben, wäre noch vor einigen Jahren völlig undenkbar für ihn gewesen. Er sei immer mit sehr viel Härte gegen alle vorgegangen, die er in irgendeiner Weise als fehlerhaft eingeschätzt hat, so z.B. auch seinen Sohn. Durch seinen eigenen großen und auf äußerer Ebene auch nicht wiedergutzumachenden Fehler brach er –

gezwungenermaßen – seine eigene Härte, die sich um sein Herz gelegt hatte, und konnte sich Schritt für Schritt für »Fehler aller Schwierigkeitsgrade« anderer Menschen öffnen. Dieser Prozess verlief einesteils sehr stockend, auf der anderen Seite erlebte er es wohltuend, sich auf diese neue und bisher unbekannte Weise zu öffnen.

Beim Thema Dankbarkeit begann er, sich all die Situationen vorzustellen, die schön waren mit seinem Sohn. Dieser Prozess war zum einen sehr schmerzhaft für ihn, auf der anderen Seite trat er damit in eine innere Verbindung zu Patrick, die für den weiteren Heilungsprozess unumgänglich war. Auch hier konnte Fred beobachten, wie sich allmählich seine Verhärtungen aufzulösen begannen und er weicher wurde.

Zum Thema Mitfreude fiel Fred zwar ein, er könne sich über alle positiv verlaufenden Vater-Sohn-Beziehungen theoretisch freuen, dies könne er jedoch zum momentanen Zeitpunkt nicht aushalten.

Nachdem er sich dafür gewürdigt hatte und diese nachvollziehbare Grenze anerkannte – was übrigens für seine Persönlichkeitsstruktur ungewohnt ist –, fuhr er mit dem für ihn wichtigsten Punkt des Verzeihens fort.

Auf der Grundlage von Selbstakzeptanz, die er immer wieder neu austarieren musste, begann für ihn der Prozess des Verzeihens erst einmal seinem Sohn gegenüber. Seine eigenen starken Schuldgefühle hielten ihn bisher davon ab, Kontakt zu seiner Wut aufzunehmen, die er – neben all dem Schmerz und der Verzweiflung – seinem Sohn gegenüber auch hatte. Dieser Prozess nahm eine ganze Weile in Anspruch, und heilsam war dabei für ihn immer wieder die Tatsache, dem Leben selbst zu verzeihen, dass er mit Patrick und Patrick mit ihm eine so schwere Aufgabe bekommen haben – an denen sie beide gescheitert waren. Dieses tiefe Einverständnis damit, dass Scheitern im Leben unumgänglich ist, gibt ihm immer mal wieder einen kurzen Moment der Entspanntheit bei all seiner Verzweiflung.

Der Prozess des Sich-selbst-Verzeihens geht einher mit Versuchen der Wiedergutmachung. Fred setzt sich zum einen –

gemeinsam mit seiner Frau – damit auseinander, wie und wann er seinen Sohn anders hätte unterstützen sollen, und bittet ihn dafür – in einem symbolischen Brief an ihn – um Verzeihung.

Im gleichen Maße arbeitet Fred an einer Wiedergutmachung insofern, als er bewusst und hilfsbereit immer wieder andere Menschen unterstützt (z. B. Kollegen mit Problemen), aktiv auf sie zugeht und seine Hilfe anbietet.

Dieser ganze Prozess erfordert eine ganze Menge Mut, und Fred geht aufrecht und unerschrocken diesen Weg. Sein Messer im Herz ist immer noch da, jedoch tut es weniger weh, wenn er sich geschmeidig und zum Besten aller damit bewegt.

Der Prozess des Loslassens ist bei Fred verbunden mit der Fähigkeit des Verzeihens. Die Liebe zu seinem verstorbenen Sohn bringt eine Saite zum Klingen, die er früher nur in sich eingemauert hatte.

Seine Frau und er halten das Andenken an Patrick aufrecht, verbinden sich immer wieder gedanklich mit ihm und wünschen ihm – wo immer er gerade ist – all das Glück, das er in dieser Welt nicht bekommen hat. Jeden Moment des Sich-selbst-Öffnens und Weicher-Werdens widmen sie ihrem Sohn und gehen damit den Weg einer Versöhnung mit sich selbst wie auch mit Patrick. Dem Leben zu verzeihen, dass es auch ein Sterben gibt – sei es nun sanft oder gewaltsam –, ist die größte Herausforderung in seinem Leben.

Je mehr er sich mit seinen eigenen Schuldgefühlen annimmt und »sein Herz so weit öffnet«, dass die Schuldgefühle aller Menschen darin Platz finden, desto mehr entdeckt er die tiefe Verbundenheit zwischen uns allen und dass es unmöglich ist, ohne Schuld durchs Leben zu gehen.

»Wenn ich etwas aus diesem ganzen Drama gelernt habe, dann das:

Ich werde niemals mehr irgendjemandem etwas nicht verzeihen können.«

Besonders unterstützend in diesem Prozess empfanden es Fred und auch seine Frau, mithilfe der Atemmeditation von

Thich Nath Hanh eine Stütze bekommen zu haben, die ihnen 24 Stunden am Tag zugänglich war.

Die beiden arbeiteten meist mit folgenden Sätzen:

»Einatmend nehme ich meine Wunden wahr.«
»Ausatmend nehme ich meine Wunden in den Arm.«
»Einatmend beginne ich mir zu verzeihen.«
»Ausatmend beginne ich mir zu verzeihen.«
»Einatmend beginne ich Patrick zu verzeihen.«
»Ausatmend beginne ich Patrick zu verzeihen.«
»Einatmend nehme ich das Leben an.«
»Ausatmend nehme ich das Leben an.«

Naikan – Eine Möglichkeit, das Leben aus einer anderen Perspektive zu betrachten

Beispiel

Sybille besuchte immer wieder meine Kurse, »obwohl ich eigentlich nur ein einziges Problem habe, und das möchte ich jetzt endlich lösen«. Sie verliebte sich immer wieder in Männer, die eine andere Frau vorzogen. Trotz aller möglichen psychologischen Erklärungsmuster bezüglich dieses Geschehens (z. B. ihre eigene Ambivalenz Beziehungen gegenüber) blieb doch der immer wiederkehrende Schmerz präsent, wenn sie wieder einmal verlassen wurde.

Eines Tages, als sie wieder einmal unglücklich verliebt war und der »Mann ihrer Träume« eine andere Frau vorzog, schaffte sie eine emotionale 180-Grad-Wendung und schrieb dem Mann, der sie als Frau und Partnerin ablehnte, einen Brief. »Eigentlich schrieb ich den Brief erst einmal für mich selbst, zum Üben sozusagen. Ich war ja durch die Kurse des ›Wünsche loslassens‹ inzwischen mit der heilenden Wirkung des Weiterschenkens vertraut, jedoch war mir nie klar, wie ich diese Vorgehensweise genau auf mein eigenes Problem anwenden sollte. Dieser Brief half mir dann, meine eigenen Vorstellungen des Wollens immer mehr loszulassen und dabei wirklich zu bemerken, um wie viel freier ich mich ohne diesen Ballast fühlte. Beim Schreiben dieses

Briefes merkte ich außerdem auch noch, dass ich die Namen der verschiedenen Männer, derentwegen ich bisher in meinem Leben unglücklich war, im Grunde genommen austauschbar waren. Ich wollte immer etwas und bekam es nicht – das war alles.

Hier ist nun mein Brief der Dankbarkeit, den ich – stellvertretend für Einzelne – an alle Männer adressierte:

Liebe Männer,
ich danke Euch allen dafür, dass Ihr bisher in meinem Leben aufgetaucht seid und mich eine Weile bereichert habt. Ich habe mit Euch viele Situationen erleben dürfen, die bereichernd, freudvoll, innig, abenteuerlich, erotisch, witzig und einfach einmalig waren. Für diese vielen Augenblicke des gemeinsamen Lebens danke ich Euch. Außerdem möchte ich Euch um Verzeihung dafür bitten, dass ich immer mehr wollte, dass es mir nie genug war. Habe ich eine schöne Situation mit Euch erlebt, wollte ich am nächsten Tag noch eine haben. Habt Ihr mir etwas Anerkennendes zugeflüstert, saugte ich es auf und fühlte mich gleich wieder hungrig danach, mehr davon zu hören. Ward Ihr offen und liebevoll zu mir, zog ich den Griff um Euch fester, damit es ja nicht aufhören möge. Ich verzeihe auch mir selbst, dass ich meine Begegnungen mit Euch so gestaltet habe, wie ich sie nun einmal gestaltet habe. Ich konnte es nicht besser und habe in jedem Moment das getan, was mir möglich war. Ich verzeihe Euch, dass Ihr nur eine Weile in meinem Leben wart, und dann weitergegangen seid, und ich verzeihe mir selbst, dass ich dies niemals akzeptieren wollte und auch manchmal recht dramatisch dabei wurde.

Ich danke Euch für die Freude, die Ihr in mein Leben gebracht habt, und bin gerade dabei zu lernen, diese Freude unabhängig von mir als Person Euch und den Frauen, mit denen Ihr vielleicht jetzt zusammen seid, weiterzuschenken. Zu erkennen, dass überall da, wo Liebe zwischen Menschen auftaucht, etwas Kostbares geschieht, auch unab-

hängig von mir als Person, ist die Lektion, die ich im Moment zu lernen habe. In den Augenblicken, wo mir dies gelingt und ich den jetzigen Frauen von Euch und auch Euch Männern alles Gute wünschen kann, spüre ich eine Freiheit und ein so tiefes Glücksgefühl in mir, an das nicht einmal die freudvollsten Augenblicke mit Euch herankommen können. So bekommt also auch mein Schmerz einen tiefen Sinn und bringt mich dazu, hinter allem Schmerz des vermeintlichen Nicht-geliebt-Werdens eine so unbedingte Liebe in mir zu entdecken, die ich ohne all diese Frustrationen niemals gefunden hätte. In einer normalen Beziehung wäre es mir vermutlich so wie dem Frosch ergangen, der seinen kleinen, begrenzten Brunnen für den Ozean hält und keine Veranlassung dazu sieht, hinter sich das Meer zu entdecken.

Aus diesem Grund danke ich Euch Männern für diese Lebensschule und wünsche Euch alles Glück, das ich immer für mich hätte haben wollen.

Eure Sybille«

Eine effektive Möglichkeit, sich mit dem Thema der Dankbarkeit auseinanderzusetzen und dabei die Freiheit zu entdecken, die Sybille für sich entwickelt hat, besteht in der Methode des Naikan, einer japanischen Meditation, die ich nun vorstellen werde.

Naikan bedeutet »Innenschau« und arbeitet mit drei Fragen, die uns stark verändern können. Normalerweise beziehen wir uns in unserem Erleben darauf, was wir vom anderen alles möchten, worauf wir glauben, ein Recht zu haben – all unsere »Ich-will«-Sätze.

Den Blick auf die Dinge ändern

Eine komplett andere Möglichkeit, uns auf die anderen und das Leben im Allgemeinen zu beziehen, besteht nun darin, einen ebenso effektiven wie herausfordernden Perspektivenwechsel vorzunehmen.

Um unsere Beziehung zu anderen Menschen und dem Leben im Allgemeinen zu untersuchen, stellen wir uns folgende drei Fragen:

1. Was hat die Person (Mutter, Vater, Geschwister, Partner usw.) für mich getan?
2. Was habe ich für diese Person getan?
3. Welche Schwierigkeiten habe ich dieser Person bereitet?

Die vierte Frage, welche Schwierigkeiten die andere Person mir bereitet hat, wird – aus gutem Grund – nicht gestellt. Mit ihr beschäftigen wir uns ohnehin am allermeisten, sie hält uns in unserer »Opferrolle« gefangen und verhindert, das Erlebte anders zu betrachten als bisher.

Die beeindruckende Schlichtheit dieser drei im Naikan gestellten Fragen bewirkt in uns eine tief greifende Veränderung unserer Erlebensweise. Es geht einher mit einer Versöhnung mit unseren Bezugspersonen und dem Leben selbst und führt zu einer tiefen, von Dankbarkeit durchdrungenen Verbundenheit allen und allem gegenüber, was uns umgibt.

Naikan ist ein wirkungsvolles Mittel zur täglichen Selbstbegleitung. Es kann ebenso in schwierigen Lebenssituationen angewandt werden und durch seinen Perspektivenwechsel tief greifende Veränderungen in uns bewirken.

Tonglen – die buddhistische Meditation des Gebens und Nehmens als Möglichkeit, Mitgefühl und Mut zu entwickeln

Ich erinnere mich an meine Ängste vor meinem ersten Aufenthalt in Mexiko City. Ich plante, dort einen Zwischenstopp von einigen Tagen einzulegen, um diese Stadt ein bisschen genauer kennenzulernen. Einige Wochen vorher schon begann es: Besorgte Familienmitglieder und Freunde rieten mir dringend davon ab, diese »gefährliche Stadt« zu besuchen. Normalerweise reagiere ich nicht auf die Panik anderer Leute, in diesem Fall war es jedoch etwas anderes, da mich mein damals 14-jähriger Sohn auf dieser Reise begleitete. Als Mutter fühlte ich mich natürlich verantwortlich, kein Risiko einzugehen. Gleichzeitig reizte uns beide das Abenteuer, diese fremde Stadt näher – und natürlich auf eigene Faust – kennenzulernen.

Meine Aufregung und gleichzeitig meine Freude vor diesem Aufenthalt hielten sich so ziemlich die Waage, und ich entschied mich auch in diesem Fall, mein 7-Schritte-Programm anzuwenden.

Zunächst gestand ich mir meine Angst ein und versuchte sie nicht weiter zu verdrängen. »Es ist vollständig in Ordnung, ängstlich zu sein und deshalb vielleicht auch bestimmte Vorsichtsmaßnahmen zu treffen und mich gleichzeitig auf den Aufenthalt in dieser Stadt zu freuen. Ich nehme mich selbst mit dieser Ambivalenz komplett an.«

Mein »Ich-will«-Satz lautete:

»Ich will, dass uns beiden in Mexiko City nichts passiert.«

Positiv formuliert:

»Ich will, dass in Mexiko City für uns beide alles gut läuft.«

Nun begann ich mich auf andere Reisende innerlich einzustellen, auf Eltern mit ihren Kindern, die natürlich auch den Wunsch haben, gesund von ihren Reisen wieder zurückzukommen. Es entspannte mich, mir die vielen Mütter, Väter und ihre Kinder in den verschiedenen Flugzeugen rund um die Welt vorzustellen und ihnen bei ihren Aufenthalten alles Glück zu wünschen. Ich fühlte mich wie in einer großen Familie und darüber hinaus reich beschenkt durch die Möglichkeit, überhaupt so eine Reise machen zu können.

»Ich will, dass es uns beiden in Mexiko City gut geht« ... Wie kann hier ein »Ich schenke ...« daraus entstehen?

Von Byron Katie lernte ich, wie kreativ wir mit diesen sogenannten »Umdrehungen« umgehen können, um uns neue Perspektiven zu eröffnen.

Und so entdeckte ich:

»Ich schenke ... den Mexikanern Glück mit uns beiden.«

Schlagartig wurde es mir klar: Wem ging es hier eigentlich schlecht? Wie fühlen sich wohl die Einwohner eines wunderbaren Landes wie Mexiko, wenn Gäste in ihr Land reisen und ihnen schon voll Vorurteile und Angst begegnen? Wie kann ich also dafür sorgen, dass es den Mexikanern mit uns beiden gut geht?

Bei dem langen Anflug über dieser riesengroßen Stadt dachte ich wieder an diesen Punkt, schaute auf dieses Kilometer um Kilometer sich in die Breite ausdehnende Häusermeer von unserem Flugzeug aus, wünschte allen Einwohnern, so gut ich konnte, alles Gute und praktizierte die Meditation des Tonglen. Dadurch stellte sich schon jetzt eine tiefe Verbundenheit zu den Menschen, die ich erst kennenlernen sollte, ein.

Wir verbrachten drei wunderbare Tage in dieser außergewöhnlichen Stadt und waren fasziniert von der freudvollen Ausstrahlung der Mexikaner sowie ihrer offenen und hilfsbereiten Art. Am letzten Abend unseres Aufenthaltes saß ich auf der Dachterrasse unseres kleinen Hotels mitten in der Altstadt, unter uns das bunte Treiben auf dem Zocalo, dem historischen Mittelpunkt von Mexiko City, und entschuldigte mich innerlich bei dieser Stadt und ihren Einwohnern für meine engstirnigen Vorurteile.

Die Dinge »ohne Brille« sehen

Die zentrale Frage in diesem Zusammenhang lautet: Wie können wir eine innere Haltung kultivieren, die uns dazu verhilft, dem Leben unerschrocken zu begegnen? Wie können wir unsere Tendenz, das Leben immer wieder vermeiden zu wollen, achtsam wahrnehmen? Bemerken wir unsere Tendenz auszuweichen? Sind wir vertraut mit unserer Angst und nehmen sie als Teil von uns liebevoll an, ohne uns von ihr unterdrücken oder überschwemmen zu lassen? Und wenn sie uns unterdrückt oder überschwemmt – haben wir es gelernt, stillzuhalten, ruhig weiter zu atmen und nach Abklingen des ersten Panikzustandes dem Leben von Moment zu Moment weiter zu begegnen, ohne uns innerlich oder äußerlich zurückziehen zu müssen?

Wir lernen in diesem Kapitel die Meditation des Tonglen kennen, eine Möglichkeit, wie wir über die Qualitäten der Selbstakzeptanz (Tonglen für uns selbst) und Mitgefühl zu einer mutigen, offenen und lebensbejahenden Haltung finden können.

Der erste Schritt der Praxis besteht darin, uns vor Unangenehmem nicht zu verschließen. Wir öffnen uns den Schwierigkeiten, den Problemen und dem Leid, das wir im anderen wahrnehmen, nehmen eine Herz-zu-Herz-Beziehung zu ihm auf und wünschen ihm all das, was er braucht, um wieder glücklich zu werden.

Nun kommt der Sprung, der unsere Egologik komplett umdreht: Voraussetzung dafür ist, dass wir uns selber stabil, kraftvoll und in unserer eigenen Mitte fühlen. Um dies zu garantieren, stellen wir uns deshalb als Erstes mitten in unserer Brust auf Herzenshöhe eine strahlende, wärmende und heilende Lichtquelle vor. Wir stellen uns vor, dass hier die Essenz all unserer Qualitäten liegt, alles Gute in uns. Dieser innere Überschuss ist wichtig, um die Übung durchführen zu können.

Buddhisten stellen sich auf Herzensebene einen strahlenden, transparenten Buddha als Lichtenergieform vor. Es symbolisiert für sie alles Strahlende, Liebevolle und Heilende, das sie zur Verfügung haben – ihr wahre Identität.

Durch Atmen in Kontakt treten

Wann immer Sie nun mit einer Situation konfrontiert sind, die sich irgendwie unangenehm oder leidvoll anfühlt – sei es in Ihrem Inneren oder auch in der Sie umgebenden Welt –, kontaktieren Sie also als Erstes Ihre eigene Liebesfähigkeit. Sie stellen sich vor, dass Ihre eigene Strahlkraft den anderen erreicht und ihm auf diesem Weg all das Glück übermittelt, das er gerade braucht. Diesen Schritt koppeln Sie mit dem Ausatmen. Beim Einatmen nun nehmen Sie – freiwillig und mit offenem Herzen – all die Negativität und das Leid des anderen in Form einer dunklen Wolke in sich auf und wandeln es durch die Strahlkraft Ihres Herzens in Qualitäten um, die Sie beim nächsten Ausatmen wieder nach außen senden.

Diesen Austausch beginnen wir mit uns selbst. Wann immer wir uns angespannt, nervös oder nicht mehr in unserer inneren Mitte fühlen, nehmen wir diese Gefühle achtsam wahr, atmen sie ein und senden ein Gefühl der Weite, der Entspannung und des Gleichmuts wieder aus. Wir fahren mit der Übung so lange fort, wie wir wollen.

Wenn sich Ihre Kinder gegenseitig anschreien und der Streit zu eskalieren beginnt, nehmen Sie sich ein paar Atemzüge lang Zeit, für alle Beteiligten Tonglen durchzuführen, sie atmen die

Aggressivität, die Unruhe und Verletztheit ein und schicken ihnen im Austausch dazu Liebe und Verständnis. Sie werden bemerken, dass Sie als Mutter in dieser Situation anders als üblich mit den beiden Streithähnen umgehen werden. Durch das Geschenk des Sichöffnens und der inneren Weite werden Sie bemerken, dass Ihre Stimme einen anderen Klang annimmt und sich die Gesamtatmosphäre eher beruhigen lässt.

Sie können in solchen Augenblicken auch Tonglen für sich selbst anwenden, wenn Sie bemerken, dass Ihre eigene Wut und Ablehnung der Situation gegenüber (»müssen sie sich schon wieder so streiten«) Sie zu überschwemmen droht. Wie oft haben wir schon erlebt, dass unser Eingreifen die Situation letztendlich noch schlimmer macht.

Sehen wir uns abschließend das Beispiel von Ernst an, einem Mann, der sich mutig seinen Konkurrenzgefühlen stellt und bereit ist, mit der Methode des Tonglen damit zu arbeiten.

Beispiel

Ernst arbeitet seit einigen Jahren in einer Firma und hat berechtigte Chancen, zum Abteilungsleiter aufzusteigen. In diesen Wochen vor der Entscheidung bemerkt er eine immer größer werdende Nervosität bei sich, er reagiert mit Schlafstörungen und Unruhezuständen, die er mit dem Ereignis der eventuell anstehenden Beförderung gut in Zusammenhang bringen kann. Ernst ist ein spirituell offener Mann, dem von seiner Vernunft her klar ist, dass sein Festhalten an dem Wunsch, Abteilungsleiter zu werden, seine leidvollen Zustände hervorruft. Mit ihm gibt es noch drei andere Bewerber, er versucht, seinen Konkurrenten alles Gute zu wünschen und seine Konkurrenzgefühle in Schach zu halten, es gelingt ihm jedoch nicht.

Er wendet die Meditationstechnik des »Geben und Nehmens«, des Tonglen, an, um sein Herz zu öffnen, das Leid, die Unzufriedenheit, in diesem Fall die Konkurrenzgefühle, die er auf seine Kollegen projiziert, als dunkle Rauchwolke in sich einzuatmen und ihnen bei jedem Ausatmen Freude, Glück – und in diesem Fall eben auch die ersehnte Beförderung zu wünschen. Je mehr er diese »Egologik«, für sich etwas haben zu wollen und es den anderen nicht zu gönnen, umdreht, desto mehr ist er fähig, sich zu entspannen – mit und auch ohne Beförderung.

Wenn Sie die kraftvolle Methode des Tonglen selber lernen und anwenden möchten, geht dies nicht ohne qualifizierten Meditationslehrer.

2. Mentales Survivaltraining für Extremsituationen

Was tun, wenn alles zusammenbricht?

Beispiel

Eine Kollegin von mir lebte vier Monate in Angst und Schrecken, weil die Möglichkeit bestand, dass sie sich mit Aids infiziert hatte. Sie hatte eine kurze Affäre mit einem Journalisten, der lange Zeit in Zentralafrika gelebt hatte und von dem sie wusste, dass er dort häufig ungeschützt sexuelle Kontakte hatte. Erst nach dieser Begegnung wurde ihr schlagartig klar, wie gefährdet sie nun selbst war. Sie wusste, dass bei einem zuverlässigen Aidstest erst nach vier Monaten mit einem Resultat zu rechnen war – eine lange Zeit. Sie hatte nun die Wahl, vier Monate in panischem Ausnahmezustand zu verbringen – oder sich der Situation zu stellen. Sie wählte Letzteres, unterbrochen von Angst und depressiven Durchbrüchen, wenn sie immer mal wieder ganz normale Erkältungssymptome als Zeichen dafür ansah, sich infiziert zu haben.

Was waren nun ihre – sehr verständlichen und nachvollziehbaren – »Ich-will«- und »Ich-will-nicht«-Sätze?

»Ich will nicht infiziert sein.«
»Ich will nicht immer schwächer werden.«
»Ich will nicht an Aids sterben.«

Da wir nicht nur zusammenarbeiteten, sondern auch befreundet waren, erzählte sie mir von ihrem Problem und bat mich um Hilfe.

Ich fragte sie, ob es hilfreich sein könnte, direkt »dem Feind ins Auge zu blicken«?

Sie bejahte, und so schlug ich ihr vor, sich das Schlimmste, was passieren könnte, vorzustellen.

Sie formulierte diese Ängste schriftlich:

Das Schlimmste für mich an Aids wäre

... dass meine 17-jährige Tochter entsetzt wäre.

... dass sie in der Schule von Freunden verlacht werden würde.

... dass meine Nachbarn mich abwerten.

... dass alle in dem Dorf, in dem ich lebe, schlecht über mich reden würden.

... dass ich schwach werde.

... dass ich früh sterbe und mich nicht genug um meine Tochter kümmern kann.

Nach dem Aufstellen der Liste bemerkte meine Kollegin, wie sehr ihre Befürchtungen um das Thema Anerkennung und Stolz kreisten.

Wir nahmen dies zum Anlass, einen Schritt weiter zu gehen.

Um schwierige Situationen zumindest erst einmal mental gut zu überstehen, besteht eine sehr einfache und sehr wirkungsvolle Methode darin, sich bei jeder Befürchtung mindestens drei positive Punkte zu überlegen, die in dem Problem »versteckt« sind.

Was könnte das Gute daran sein, wenn ihre Tochter entsetzt wäre, ausgelacht würde und die Nachbarn und Dorfbewohner schlecht über sie sprechen würden?

»Ich will immer überall gut dastehen und beliebt sein. Das ist ein echtes Problem von mir. Darüber hinaus fällt mir gerade auf, wie sehr ich dazu neige, eher andere abzuurteilen, und ihre versteckten Fehler immer mal wieder bloßlege.«

Was konnte sie also innerhalb dieser vier Monate »Wartezeit« an Weisheit entwickeln?

Sie bemühte sich darum, ihre bisherige Erlebens- und Verhaltensweise umzudrehen und andere Menschen mehr zu würdigen und zu achten. Sie bemerkte, wie sie sich im Laufe dieser Zeit immer mehr entspannte und interessanterweise nach wenigen

Wochen des Übens immer weniger Angst hatte – im Falle einer Aids-Erkrankung –, deshalb abgelehnt zu werden. Sie kam immer mehr in Kontakt auch mit Dorfbewohnern, die sie bisher etwas verächtlich behandelt hatte, und bemerkte, von wie vielen freundlichen Menschen sie umgeben war.

Das Zusammenleben mit ihrer Tochter empfand sie während dieser Wochen als kostbar. Es wurde ihr immer mehr klar, dass sie fast erwachsen war und auf wie viel Freude und Glück sie bezüglich ihres gemeinsamen Zusammenlebens zurückblicken konnte.

Der Aidstest nach den vier Monaten war positiv.

Dank der medizinischen Fortschritte lebt sie seit vielen Jahren mit dieser Diagnose und ist mir eine der wertvollsten Ratgeberinnen, wenn es darum geht, Menschen in extremen Ausnahmesituationen zu verstehen und zu begleiten.

Manchmal ist es im Leben nicht nur ein bisschen schwierig oder mittelmäßig schwierig, sondern es ist sehr schwierig, seine Wünsche nicht erfüllt zu bekommen.

Hier nun finden Sie einige Vorschläge, wie Sie in diesen Fällen mit sich umgehen können:

1. »Das ist mein Meisterstück im Leben«

Würdigen Sie sich dafür, dass die Situation, in der Sie sich gerade befinden, wirklich schwierig ist. Es gibt Situationen in unserem Leben, die uns einfach an unsere Grenzen bringen. Es kann so schmerzhaft sein, dass wir im tiefsten Moment der Verzweiflung uns nicht vorstellen können, diesen Schmerz noch einen Moment länger aushalten zu können.

Das ist jetzt mein Meisterstück im Leben – wenn wir unseren Schmerz mit diesem Untertitel versehen, bekommt er eine andere Bedeutung.

Wir können ihn dann besser annehmen.

2. »Es geht vorbei – irgendwann«

In den tiefsten und schwärzesten Augenblicken unseres Lebens haben wir das Gefühl, die Zeit würde stehen bleiben. Ohne darüber nachzudenken, sind wir irgendwie vollkommen überzeugt davon, dass dieser Schmerz niemals vorbeigehen wird. Wir leiden nicht nur, wir dehnen unser Leid auch noch auf eine unbestimmte Zukunft hinein aus.

»Ich will ... glücklich sein und ich bin es gerade nicht und ich werde es nie wieder sein.«

»Ich will geliebt werden und werde es gerade nicht und habe das Gefühl, dass es immer so bleiben wird.«

»Ich will erfolgreich sein und habe gerade keinen Erfolg und habe das Gefühl, für immer zu versagen« usw.

Die Dynamik des Geschehens im Auge zu behalten, die Vergänglichkeit aller inneren und äußeren Phänomene zu bedenken, bewahrt uns davor, an unserem Leid festzuhalten.

3. »Wie schaue ich später einmal auf diese Situation?«

Gönnen wir uns an dieser Stelle einen kleinen Zeitsprung: Wie werden Sie das jetzige Problem in einer Woche einschätzen, in einem Monat, in einem Jahr, in zehn Jahren? Versetzen Sie sich, so gut Sie können, in die Lage derjenigen Person, die genau dieses Problem bereits hinter sich hat und gestärkt daraus hervorgegangen ist.

Wie werden Sie in einem Jahr über die Situation von heute denken? Was genau werden Sie daraus gelernt haben?

Was werden Sie anderen Menschen erzählen, wie Sie diese Krise überwunden haben? Wie werden Sie anderen Menschen helfen können, die in ähnlichen Situationen feststecken?

4. »Wenn alles schiefgeht, kann ich Qualitäten entwickeln.«

Wie wird man ein guter Bergsteiger in Extremregionen?

Indem man seinen Körper stählt.

Wie wird man ein Lebenskünstler?

Indem man seine Seele stählt.

Bevor wir uns an eine Bergexpedition wagen, trainieren wir.

Bevor uns der Wind des Lebens um die Nase weht – und uns auch manchmal umzupusten droht –, ist Training ebenso sinnvoll.

Die nächsten drei Vorschläge können Sie als mentales Fitnesstraining nutzen, schon bevor eine schwierige Situation eventuell eintritt.

Wir stellen uns – mental – eine herausfordernde Situation vor und verbinden sie mit der Kraft, die in unseren Qualitäten liegt.

Wenn es Ihnen einmal langweilig ist, spielen Sie »Wenn alles schiefgeht«.

1. Suchen Sie sich eine Rubrik Ihrer Wahl aus (Beziehungen, Familie, Beruf, Gesundheit usw.).
2. Schreiben Sie drei Situationen auf, die leicht, mittel- oder sehr schwierig für Sie sein könnten (Skala 0–10).
   Beispiel: *»Mein Chef meckert mich an (Schwierigkeitsstufe 4).«*
3. Beginnen Sie nun mit dem Sieben-Punkte-Training:
   1. Nehmen Sie sich dieses Gefühls so an, wie es ist, ohne es zu bewerten.
   2. Versetzen Sie sich in die Lage anderer und fühlen nach, dass es auch für Sie schwierig ist, angemeckert zu werden.
   3. Spielen Sie nun »Robin Hood«: Wie können Sie den anderen helfen, die von ihrem Chef angemeckert werden?
   4. Schalten Sie Ihr inneres Heimkino an und spulen Sie eine Geschichte mit Happy End ab. Lassen Sie hierbei Ihrer Fantasie freien Lauf. Übertreiben Sie ruhig. Verwandeln Sie sich in eine Fee oder einen Superman mit Schwert oder kreieren Sie Ihre eigene Lieblingsfigur. Üben Sie hier mit wirklich erlebten oder imaginär kreierten Situationen. Überlegen Sie sich, wovor Sie Angst haben könnten oder was Sie unbedingt vermeiden möchten (»Ich will nicht ...«) und gönnen Sie sich von Zeit zu Zeit dieses geistige Fitnesstraining.

Spielen Sie diese Szene mit Ihren Kindern, falls Sie Lust dazu haben. Sie werden es mögen!

5. Visualisieren Sie so oft Sie mögen (z.B. abends vor dem Einschlafen) diese Szene.
6. Formulieren Sie für sich selbst heilsame Wünsche:

   »Möge ich mutiger sein.«
   »Möge ich mich für andere einsetzen.«
   »Möge ich Freude daran haben, gerecht zu sein.«

7. Entspannen Sie sich, lassen Sie alles wieder los, trinken Sie Ihren Kaffee und schauen Sie aus dem Fenster. Tun Sie einfach – nichts.

Sie werden irgendwann einmal bemerken, dass Sie nun auch viel müheloser für sich selbst eintreten können.

5. »Danke für das Problem«

Auch bei dieser Übung sprengen wir unsere Egogrenzen. Wir tun das, was wir normalerweise bestimmt nicht tun würden:

Bei allem, was wir nicht bekommen, sagen wir »Danke« für die Erkenntnis, die der Verlust bzw. der Verzicht uns bringt, der in unerfüllten Wünschen liegt.

Unangenehme bzw. gefürchtete Situationen *(»Ich will so etwas nicht erleben!«)*	*»Ich lerne ... und bin dankbar darüber.«*
Beispiele: ■ Ich verpasse mein Flugzeug und kann meine Urlaubsreise nicht antreten ■ Ich werde auf einer Auslandsreise krank ■ Ich muss mich in meinem Kollegenkreis, in dem ich mich nicht wohlfühle, um etwas bitten ■ Meine Freundin sagt mir kurz vor der Hochzeit, dass sie mich nicht liebt ■ Der Kollege, mit dem ich am wenigsten klarkommen, wird mein direkter Vorgesetzter	Danke, dass ich lernen kann, ■ Selbstakzeptanz ■ Mitgefühl ■ Dankbarkeit ■ Mitfreude ■ Verzeihen ■ Mut ■ Loslassen zu entwickeln.

6. »Ich habe das Ziel schon erreicht«

- Stellen Sie sich vor, jemand verliert seinen Arbeitsplatz und damit die Existenzgrundlage seines Lebens. Er muss alles aufgeben, was ihm bisher lieb und teuer war, und steht vor dem finanziellen Ruin. Er nutzt die freie Zeit zum Entwickeln neuer Projekte und geht vertrauensvoll und gleichzeitig zielstrebig seinen Weg.
- Stellen Sie sich eine Frau vor, die wegen einer anderen von ihrem Geliebten verlassen wird. Sie schreibt ihm folgenden Brief:

  »Mein Liebster, ich wünsche dir, dass dir diese Frau guttut. Möge sie dir das geben, was dich wirklich glücklich macht – und wenn sie das besser kann als ich, dann gehe zu ihr.«
- Stellen Sie sich jemanden vor, der unheilbar an Krebs erkrankt ist. Er weiß, dass er nur noch kurze Zeit zu leben hat, und ist vollkommen einverstanden mit dieser Situation. Er liegt in seinem Bett und beendet sein Leben in Würde und Dankbarkeit.

  Welche Qualitäten (Schlüssel 1–7) müssten Sie noch entwickeln, um diese Ziele zu erreichen? Wie genau würden Sie sich in diesen Situationen fühlen – mit den dazu notwendigen Qualitäten?

  Gehen Sie nun Schritt für Schritt inhaltlich alle sieben Qualitäten durch und machen Sie sich bewusst, wie genau das Entwickeln dieser Werte dazu dienen kann, auch mit solch einer Situation entspannt umzugehen.

7. »Und immer wieder üben …«

Diese Übung können Sie allein oder auch in einer Gruppe durchführen.

Schreiben Sie auf einer gelben Karte Qualitäten auf, mit denen sie sich gerne im Leben mehr verbinden möchten (z. B.: Ich bin gütig, ich bin lebensbejahend, ich verzeihe, ich bin geduldig, ich nehme die Lebensaufgaben an, die mir das Leben stellt, usw.).

Dann nehmen Sie sich blaue Kärtchen, auf die Sie schwierige, komplizierte, traurige oder dramatische Lebenserfahrungen bzw.

Alltagsbeispiele schreiben (z. B.: Sie gehen auf den Parkplatz und sehen, dass Ihr Auto gestohlen wurde, Ihr Fahrrad liegt zerbeult im Straßengraben, Ihre Einkaufstüte platzt und alles liegt zerstreut auf dem Fußgängerweg, Sie stehen an der Kasse eines Supermarkts, hinter Ihnen steht eine lange Schlange und Sie haben zu wenig Geld dabei, Sie kommen nach Hause und finden einen Zettel, dass Ihr Partner Sie verlassen hat, Sie haben sich auf einen ruhigen Abend gefreut und die Kinder Ihrer Nachbarn feiern eine Party usw.).

Nun drehen Sie die Karten um, mischen sie, und vor Ihnen liegt nun ein gelbes und blaues Häufchen.

Nach einer kleinen Kontemplation, indem Sie beide Häufchen einfach nur ansehen und sich klar darüber werden, dass Sie mit dem blauen Häufchen allein ohne Hilfe des Gelben nicht glücklich werden können, ziehen Sie ein gelbes und ein blaues Kärtchen und schreiben Sie in eine »Happy-End-Geschichte«, wie mithilfe der Qualität auf dem gelben Kärtchen die schwierige Situation auf dem blauen Kärtchen gemeistert werden kann. Schreiben Sie so, als ob die Situation bereits passiert wäre und Sie sie zu einem guten Ende gebracht haben.

3. Den Diamanten entdecken – mal angenommen, das Ziel wäre bereits erreicht

An diese sehr kraftvolle therapeutische wie spirituelle Übung können wir uns im Alltag langsam herantasten, wie folgendes Beispiel zeigt:

Beispiel

Sebastian arbeitet schon sehr lange an sich, ist auf einem spirituell guten Weg und sein Leben gestaltet sich immer freudvoller. Er ist erfolgreich als Medienmanager, ist glücklich verheiratet und hat einen großen Freundeskreis. Er hat genügend Geld, sich ein angenehmes Leben zu leisten, und ist großzügig genug, aus dieser Dankbarkeit heraus Energie, Zeit und Geld zu schenken.

Immer dann, wenn er besonders glücklich ist, fällt ihm in der letzten Zeit auf, wie ein Gefühl des Stolzes darüber in ihm auftaucht. Erst ist ihm dies ziemlich peinlich, da er als »spirituell Suchender« ja weiß, dass es sich bei Stolz um ein gefürchtetes Störgefühl handelt. Wenn er z. B. in Besprechungen mit Kollegen zusammensitzt, bemerkt er, wie viel offener und dadurch kompetenter er im Umgang mit anderen ist, und spürt, wie er die anderen, die dies nicht so gut können, abwertet. (»Meine Kollegen müssten nur auch anfangen zu meditieren, dann wären sie nicht so eng und angespannt.«) Im Freundeskreis fällt ihm auf, dass er Problemen und Kümmernissen der anderen zwar hilfreich begegnet, jedoch gleichzeitig ebenfalls eine kleine, aber beharrliche Stimme in ihm spricht: »Wie kann man sich nur so sehr in seinem Leid verlieren, wären sie nicht so ichbezogen, würden sie auch nicht so leiden.«

Mit dieser inneren Stimme wird es ihm allmählich etwas unbehaglich, und er versucht, bei sich selbst ebenfalls Fehler und Schwächen zu entdecken, um gegen seine eigene Überheblichkeit anzugehen.

Eines Abends ist er auf eine Party eingeladen, zu der er nur halbherzig gerne hinfährt. Wieder bemerkt er das ungeliebte Gefühl in sich, die anderen als »irgendwie nicht so weit entwickelt und spirituell zu uninteressiert« abzuwerten und sich damit von ihnen in seiner jetzt schon bekannten arroganten Weise innerlich zu distanzieren.

Er fährt mit dem Fahrrad zu der Feier und hat 20 Minuten Zeit, sich auf das Geschehen einzustellen. Seinen Stolz und seine Arroganz empfindet er selbst als unangenehm, gleichzeitig bemerkt er, dass seine bisherige Strategien, sie zu verdrängen, auch nichts bringen.

Während ihm der Fahrtwind um die Nase bläst, entscheidet er sich, etwas auszuprobieren, das er einmal bei einem buddhistischen Vortrag von seinem Lehrer gehört hat: statt einen exklusiven Stolz zu kultivieren, solle man lieber alle anderen mit in den Stolz einbeziehen. Er spürt augenblicklich, wie sehr ihn diese Herangehensweise entlastet, und beginnt damit, sich jede einzelne Person, die er heute Abend treffen wird, vor seinem inneren Auge vorzustellen und sich drei Eigenschaften oder Merkmale bewusst zu machen, die diese Personen im Positiven auszeichnen bzw. die sie sogar besser können als er. Er beginnt bei einem alten Schulfreund, der ihm immer ziemlich langweilig und schwerfällig im Denken vorkam. Udo ist beharrlich, zuverlässig und treu. Immerhin hat er es geschafft, seit über 20 Jahren in seiner Beziehung zu bleiben, während ich meine erste Frau schon nach wenigen Jahren verlassen habe. Dann ging es weiter mit einer Bekannten, die er – wenn er ehrlich zu sich selbst war – als eher farblos und langweilig eingestuft hatte. Susanne hat ein schweres Schicksal hinter sich, hat niemals aufgegeben und kämpft für ihre Kinder in entschlossener und mutiger Art und Weise. Sie ist immer hilfsbereit und in ihrer zurückhaltenden Art sanftmütig und raumgebend. Ich kann mich nicht erinnern, dass sie schon jemals irgendjemand gegenüber böswillig gesprochen oder gehandelt hätte. Man kann sich in ihrer Nähe entspannen und jeglichen eigenen Schutzpanzer einfach ablegen. Dann fiel ihm noch Anton ein, der Ehemann der besten Freundin seiner Frau, der zwar auf der einen Seite eine liebenswerte und eine freundliche Ausstrahlung hat, der jedoch ca. 30 kg zu viel wog, seiner Meinung nach übermäßig aß und trank, relativ unbekümmert mit Geld umging und ihm gegenüber den Eindruck machte, ganz allgemein mit zu wenig Disziplin und Zielstrebigkeit durchs Leben zu gehen.

Sebastian war in der Zwischenzeit schon fast bei seinem Ziel angelangt, fuhr dann noch einen kleinen Umweg, weil ihm die Übung Spaß zu machen begann. Was war das Wertzuschätzende an Anton? Er brauchte noch einige 100 m Fahrstrecke und die kühle Luft, die er genussvoll atmete, bis ihm auch hier etwas Positives einfiel: Anton ist auf seine Art kommunikativer als ich, er nimmt andere Menschen so an, wie sie sind, ohne sie zu beurteilen oder irgendwelche Anforderungen an sie zu stellen, bevor er sie mögen kann. Er ist offen und unkompliziert, feiert gern und teilt seinen sorglosen und großzügigen Umgang mit Geld auch mit anderen. Er lädt immer wieder Menschen gerne zu sich selbst ein und bereichert sie durch seine herzliche und unkomplizierte Art und Weise. Sebastian fährt fort, eine Person nach der anderen auf diese Weise zu betrachten, und kommt eine halbe Stunde zu spät, aber mit offenem Herzen, glücklich und entspannt zu der Feier. Er wird begrüßt mit den Worten: »Endlich bist du es einmal, der zu spät kommt.«

Sebastian verlebt einen freudvollen Abend, an dem er sich tief verbunden fühlt mit allen, die diese Stunden mit ihm teilen.

Qualitäten statt Defizite

Qualitäten statt Defizite wahrzunehmen, können wir in unserem ganz normalen Alltag ständig üben. Diese Vorgehensweise führt uns über ressourcenorientierte Verfahren der modernen Psychotherapie bis hin zum Diamantweg-Buddhismus.

Hier identifizieren wir uns mit dem Ziel, in diesem Fall der Erleuchtung, symbolisiert von verschiedenen, in ihrer Qualität unterschiedlichen Buddhaformen. Sie zeigen uns im Rückkoppelungsprozess unsere eigene Strahlkraft.

Wenn wir auf dieser Ebene uns selbst wie auch andere immer mehr in unserem voll entwickelten Potenzial wahrnehmen können, verschwinden natürlicherweise auch immer mehr Probleme und Schwierigkeiten, die wir bci einer eher defizitorientierten Betrachtungsweise vorfinden.

Beginnen wir erst einmal bei uns selbst.

Die Übung bzw. Meditation »mal angenommen, Sie hätten all Ihre Qualitäten bereits realisiert ...« ist eine der kraftvollsten Methoden, wie Sie in schwierigen Situationen Kontakt zu Ihren Qualitäten finden können und damit Ihre innere Glücksquelle auf ganz natürliche Weise erschließen können.

Bei Milton Erickson, dem Begründer der klinischen Hypnotherapie, lernte ich, wie wir unsere inneren Beschränkungen erweitern können, indem wir »so tun als ob«.

In schmerzhaften Situationen fällt es uns manchmal schwer, unsere inneren Qualitäten zu kontaktieren. Wir bräuchten sie eigentlich besonders jetzt sehr dringend, sind aber wie abgeschnitten davon. Unsere Egotendenzen »Ich will« und »Ich will nicht« versperren uns den Blick und halten uns im Leid gefangen.

Hier ist die Vorgehensweise von Milton Erickson sehr hilfreich und wir können sie gerade auch zur Erschließung unserer Qualitäten sehr gut anwenden. Sehen wir uns dies im Einzelnen an:

1. Selbstakzeptanz

Mal angenommen, ich würde mich bereits selbst akzeptieren, ich würde mich lieben und achten und in mir alle Qualitäten wahrnehmen, die da sind.

Wie würde ich aussehen? Wie wäre meine Haltung, meine Gestik? Wie wäre mein Gesichtsausdruck? Welche Kleidung würde ich tragen? Was würde ich fühlen, was würde ich denken, was würde ich sagen?

Wie würde ich die Schwierigkeiten, denen ich gerade im Leben gegenüberstehe empfinden, wenn ich vollkommen eins mit der Qualität der Selbstakzeptanz wäre?

Eigene Bemerkungen und Beispiele

2. Mitgefühl

Mal angenommen, Mitgefühl wäre bereits kompletter Bestandteil meines Seinsstroms, ich könnte gar nicht anders als mitfühlend und liebevoll sein. Mal angenommen, es wäre ganz natürlich, in meiner Liebesfähigkeit offen für andere zu sein und sie in mein Herz miteinzuschließen. Wie würde ich mich damit fühlen? Wie würde ich aussehen? Wie würde ich die Situation, in der ich mich gerade befinde, bewerten? Wie würde ich damit umgehen, wenn ich die Qualität des Mitgefühls bereits vollständig in mir realisiert hätte?

Eigene Bemerkungen und Beispiele

3. Dankbarkeit

Mal angenommen, Dankbarkeit würde mich komplett ausfüllen. Alles, was ich wahrnehme – seien es äußere Phänomene oder auch innere Werte –, könnte ich würdigen und nur durch die Brille der Dankbarkeit erfahren. Wie würde ich meine momentane Situation wahrnehmen? Wie würde ich eventuelle Schwierigkeiten erleben, wenn ich die Qualität der Dankbarkeit bereits vollständig in mir entwickelt hätte?

Eigene Bemerkungen und Beispiele

4. Mitfreude

Mal angenommen, ich hätte bereits vollständig die Qualität der Mitfreude in mir realisiert – wie würde es mir damit gehen? Wie würde mein Leben aussehen, wenn mich Mitfreude erfüllt? Wie würde ich mit meinen momentanen Problemen umgehen, wenn ich komplett eins wäre mit der Qualität der Mitfreude?

Eigene Bemerkungen und Beispiele

5. Verzeihen

Mal angenommen, ich hätte bereits komplett die Qualität des Verzeihens in mir verwirklicht – wie fühlt sich das an? Wer wäre ich, wenn ich völlig ungetrennt von dieser Qualität leben würde? Welche Färbung würden meine momentanen Lebensthemen bekommen, wenn Verzeihen ein natürlicher Bestandteil meines Seins wäre?

Eigene Bemerkungen und Beispiele

6. Mut

Mal angenommen, ich hätte die Qualität des Mutes bereits vollständig realisiert – wie würde sich das anfühlen? Wie würde ich aussehen, wie wären meine Haltung, Mimik und Gestik, wie würde ich mich bewegen, was würde ich tun? Wie würde ich mit meinen eventuellen momentanen Schwierigkeiten umgehen, wenn die Qualität des Mutes in mir völlig freigelegt ist?

Eigene Bemerkungen und Beispiele

7. Loslassen

Mal angenommen, ich hätte komplett die Weisheit, die im Loslassen liegt, in mir bereits verwirklicht – wie würde sich das anfühlen? Welchen Stellenwert hätten dann meine Probleme? Mal angenommen, Loslassen wäre ein natürlicher Bestandteil meines Seins – ich wäre Loslassen, was nehme ich dann wahr?

Eigene Bemerkungen und Beispiele

Im anderen die Qualitäten sehen

Wir erweitern nun diese Übung und beziehen andere Menschen mit in unsere neue Sichtweise ein.

Nehmen wir einmal an, Sie haben Probleme mit Ihrem Partner (»Ich will … dass er freundlicher mit mir redet«), dann werden Sie ihn gemäß dieses Satzes wahrnehmen und auch behandeln. Die Interaktion zwischen Ihnen beiden läuft gemäß den Etikettierungen ab, die Sie sich gegenseitig geben.

Dieser Prozess, der häufig leidvoll ist und problemstabilisierende Muster eher verstärkt, kann auf eine sehr sanfte und gleichzeitig effektive Art und Weise verändert werden.

Wir nutzen hierfür wieder den ressourcenorientierten Vorschlag von Milton Erickson und bereichern damit unsere Interaktionen.

Vielleicht wünschen Sie sich im Moment von irgendjemandem, er solle anders sein, als er ist (z. B.: »Ich will, dass mein Partner freundlicher zu mir ist«).

Nun stellen Sie sich bitte vor, Ihr Partner (Ihr Chef, Ihr Kind usw.) hätte bereits alle in sich liegenden Qualitäten vollständig realisiert.

Lassen Sie sich bei dieser Vorstellung etwas Zeit.

Wie würden Sie ihn oder sie in diesem Fall wahrnehmen?

Probieren Sie es einmal aus: Mal angenommen, Ihr Beziehungspartner[1] hätte bereits vollständig die Qualität der Selbstakzeptanz, des Mitgefühls, der Dankbarkeit, der Mitfreude, des Verzeihens, des Mutes und der Fähigkeit des Loslassens realisiert – wie würde er aussehen? Was können Sie wahrnehmen? Was empfinden Sie in seiner Nähe? Wie gestaltet sich Ihre Beziehung? Usw.

Sehen Sie Ihren Beziehungspartner in seinem Potenzial und nicht in seiner eingeschränkten Seinsweise.

Gönnen Sie sich und auch den Menschen, mit denen Sie zusammenleben, immer mal wieder die Freude, diese Übung durchzuführen. Besonders wirkungsvoll ist es, wenn Sie sich kurz vor dem Kontakt mit jemandem vorstellen, er oder sie würde bereits all diese Qualitäten leben können. Es ist ein großes Geschenk für den anderen, mit jemandem zusammen zu sein, der ihn durch die Brille der Liebe sieht, das heißt, mehr seine innere Strahlkraft wahrnimmt als seine äußeren möglicherweise vorhandenen Defizite.

Der Sinn dieser beiden Übungen ist es, uns wirklich auf das Beste in uns selbst und auf das Beste im anderen zu beziehen – und damit der letztendlichen Wahrheit näher zu sein, als uns vom Augenscheinlichen blenden zu lassen.

---

[1] Beziehungspartner bezieht sich hier auf den- oder diejenige, mit dem Sie gerade zu tun haben.

Im Diamantweg-Buddhismus wird genau mit dieser Haltung gearbeitet. Wir identifizieren uns so lange mit einem Buddha, bis wir selbst einer geworden sind, wie einer meiner Lehrer, Lama Ole Nydahl, sagt.

Dies wird auch »reine Sicht« genannt. Wir richten uns in jeder Situation auf die Qualitäten und das Potenzial, in einer Situation aus und nicht auf die Defizite.

Zu guter Letzt: Die Weisheit des Loslassens

*»Da alles seinem Wesen nach schon vollkommen ist,
braucht man nur noch loszulassen.«*

Lama Ole Nydahl

Das Schreiben des Buches geriet plötzlich ins Stocken. Vor mir lagen eng beschriebene Zettel mit Ideen und Gedanken, Halbfertiges lag in wildem Durcheinander neben sorgfältig ausgedruckten fertigen Kapiteln.

Es ging nichts mehr. Ich saß vor den Stapeln meiner Arbeit und bemerkte eine immer unangenehmer werdende innere Anspannung. So entschied ich mich schließlich innezuhalten und beobachtete den in mir auftauchenden Satz.

»Ich will … dass das Buch nun endlich fertig wird.«

Wollte ich die Kernaussagen dieses Buches ernst nehmen, so galt es natürlich auch, mit diesem Satz zu arbeiten.

Um den Gedanken bzw. den Wunsch, das Buch fertigzustellen, loslassen zu können, entschied ich mich, mich mit der Frage zu beschäftigen, was gut daran sein könnte, wenn es nicht fertig wird. Ich drehte meinen Schreibtischstuhl in eine andere Richtung, zückte – wieder einmal – Papier und Stift und begann zu schreiben:

Was könnte gut daran sein, wenn das Buch nicht fertig wird?

1. Ich lerne loszulassen.
2. Ich lerne zu verzeihen – ich verzeihe mir, wenn ich es nicht schaffe, das Buch fertigzustellen, ich verzeihe dem Leben, wenn ich diesen Wunsch nicht erfüllt bekomme. Ich verzeihe

den Lektoren, Verlagen, Buchhändlern und Lesern, wenn sie gar kein Interesse an diesem Buch haben. Im Verzeihen bemerke ich, dass alles genauso in Ordnung ist, wie es ist, dass es gar nichts zu verzeihen gibt.

3. Ich vertraue dem, was geschieht, als das, was geschieht – ohne mit meinem Willen einzugreifen.
4. Ich lerne Dankbarkeit. Auch wenn dieses Buch nicht erscheint, habe ich ein erfülltes Leben und werde das von mir Gelernte in anderer Form weitergeben. Oder auch nicht weitergeben. Vielleicht ist es sinnvoller, noch ein paar Jahre in Stille zu meditieren, als das, was ich inzwischen erfahren habe, aufzuschreiben.
5. Ich lerne Mitgefühl. Es gibt so viele Menschen mit halbfertigen Projekten – warum sollte es gerade bei mir anders sein? Ich öffne mich all den anderen und wünsche ihnen gutes Gelingen bei ihren Baustellen.
6. Ich entwickle Weisheit, die Weisheit, die mir sagt: »Elisabeth, sei im Jetzt. Es geht nicht um ein Ziel, sondern um das Sichentfalten der Sinnhaftigkeit in diesem Moment und dann wieder in diesem Moment und dann wieder in diesem Moment. Das weißt du doch.«

Und was bedeutet das jetzt? Ich streichle meine Hündin, die zusammengerollt vor mir liegt und mich eindringlich mustert, räume eine bisschen die Wohnung auf und kuschle mich dann mit einer Tasse Tee aufs Sofa.

Genug für einen erfüllten Sonntagmorgen.

Es geht hier immer wieder darum, den tiefsten Kern unseres Wesens, die Seinsweise, die jenseits von Wollen und Nicht-Wollen liegt, zu finden.

Der ganze in diesem Buch vorgestellte Prozess kann als Meditationszyklus verstanden werden.

Wir beginnen mit der Stille, wie im siebten Schritt kennengelernt. Es taucht ein Gedanke auf, er löst sich von allein wieder auf, es taucht ein weiterer Gedanke auf, der mit einem »ich will« energetisch aufgeladen ist. Hier ist der »Ort der Wahl«: Entweder springen wir auf und tun, was der Gedanke von uns will, oder wir lassen auch das »ich will« wieder los (Schritt 1 direkt zu Schritt 7) oder – wenn dies zu schwierig ist – gehen wir Schritt für Schritt durch den gesamten Prozess, den Schritt 1 bis 6 darstellt, bis zur Auflösung.

Wie wäre es für Sie, *alles* im Leben zu nehmen, sich dem Sein so zu öffnen, wie es sich von Moment zu Moment zeigt, sich nicht zu verlieren in die mühevolle und letztendlich hoffnungslose Anspannung, die im Widerstand liegt? Können Sie sich vorstellen, wie es sich anfühlen würde, die erfrischende Kraft des Lebens selbst, das Sie sind, zu spüren?

In dieser mühelosen Kraft liegt die Intelligenz, von Moment zu Moment sinnvoll und spontan zu handeln – zum Besten aller. Wir haben nichts mehr zu verteidigen, weil wir nichts mehr wollen, und deshalb können wir uns freudvoll allen und allem hilfreich zur Verfügung stellen.

Sobald der Geist sich selbst in seinen Projektionen erkennt, kann das Fest des Lebens gefeiert werden, ohne irgendwelche Gäste ausladen zu müssen.

Literatur

Beck, Charlotte Joko, »*Zen im Alltag*«, München: Droemersche Verlagsanstalt, 2000.

Biermann-Ratjen, Eva, Eckert, Jochen, Schwartz, Hans-Joachim, »*Gesprächspsychotherapie*«, Stuttgart: Kohlhammer Verlag, 1981.

Bölter, Detlef, »*Drei Fragen, die die Welt verändern*«, Bielefeld: J. Kamphausen Verlag, 2004.

Byron Katie & Mitchell, Stephen, »*Lieben was ist*«, München: Goldmann Verlag, 2002.

Chödrön, Pema, »*Die Weisheit der Ausweglosigkeit*«, Freiamt: Arbor Verlag, 2004.

Chödrön, Pema, »*Tonglen: Der tibetische Weg, mit sich selbst und anderen Freundschaft zu schließen*«, Freiamt: Arbor Verlag, 2001.

Chögyam Trungpa, »*Achtsamkeit, Meditation & Psychotherapie*«, Freiamt: Arbor Verlag, 2007.

Chögyam Trungpa, »*Erziehung des Herzens*«, Freiamt: Arbor Verlag, 2000.

Erickson, Milton, Rossi, Ernest, »*Hypnotherapie*«, Stuttgart: Klett-Cotta, 9. Aufl. 2008

Gendün Rinpoche, »*Lasst einfach los*«, Oy-Mittelberg: Joy Verlag, 2008.

Krech, Gregg, »*Die Kraft der Dankbarkeit*«, Berlin: Thesus Verlag, 2003.

Nydahl, Lama Ole, »*Wie die Dinge sind*«, München: Knaur Verlag, 2004.

Nydahl, Lama Ole, »*Vom Reichtum des Geistes*«, München: Knaur Verlag, 2006.

Reisch, Elisabeth & Berger, Edita, »*Schatzsuche*« Oy-Mittelberg: Joy Verlag, 1998.

Sakyong Mipham, »*Wie der weite Raum*«, München: Deutscher Taschenbuch Verlag , 2005.

Schmidt, Gunther, »*Einführung in die hypnosystemische Therapie und Beratung*«, Heidelberg: Carl Auer Systeme Verlag, 2008.

Thich Nhat Hanh, »*Nimm das Leben ganz in deine Arme*«, München: Deutscher Taschenbuch Verlag , 2006.

Thich Nhat Hanh, »*Das Glück einen Baum zu umarmen*«, München: Goldmann Verlag, 1997.
Thich Nhat Hanh, »*Liebe heißt, mit wachem Herzen leben*«, Freiburg im Breisgau: Herder Verlag, 2006.
Tipping, Colin C., »*Ich vergebe*«, Bielefeld: Kamphausen Verlag, 2004.

Weiterführende Links zum Thema:

Webseite der Autorin:
http://www.ibut.org

http://www.diamantweg.de
http://www.dhagpo-kagyu-mandala.org
http://dharmazentrum-moehra.de
http://www.plumvillage.org
http://www.quelle-des-mitgefuehls.de
http://www.naikan.com
http://www.naikan-do.de
http://thework.com
http://simply-being.de
http://www.meg-hypnose.de
http://www.gwg-ev.org